江苏省社会科学基金项目"汉代《山海经》'文—图'接受史研究"（批准号：18ZWD003）
江苏第二师范学院学术著作出版资助项目

两汉《山海经》接受研究

顾晔峰·著

南京大学出版社

前　言

本书运用传播学、接受美学的相关理论，从《山海经》的接受实际出发，对两汉《山海经》的接受展开研究，主要从以下三条线索展开：

一是对《山海经》在两汉时期的传播进行研究。着重考察《山海经》的传播历程、传播者的构成特点、传播的目的与方式、受众的构成特点和接受方式及接受效果，探索同一作品在不同时期不同传播对象的接受中所呈现的价值意义及折射出的时代特质，如两汉《山海经》的接受群体可分为三类，一类是帝王及封建正统文人，他们占据着整个传播环节的上游，以不可逆转的意志决定社会意识形态的发展方向。他们带着猎奇的心理审视《山海经》，或是肯定《山海经》中地理的、博学的知识，或是对其中的"异兽"表示怀疑乃至否定，一切都是从他们的审美期待视野出发，所彰显的实用价值和审美意义符合他们的审美期待视野。这对《山海经》的传播起着导向性作用。第二类是学者和一般文人，汉代初年思想环境相对比较宽松，诸子遗风尚存，学者在一定程度上能够摆脱统治者的影响而多角度、多层次地认识和接受《山海经》。他们注重考证《山海经》的作者、版本以及书中所提到的地理方位的确认，这对于《山海经》的基础工作建设起到关键性作用，也为两汉《山海经》的传播夯实了技术性工作。另外，一般文人更多地以浪漫的气质追求人的生命永恒——呼应时代对于生命永恒的需求，因此《山海经》中的昆仑和西王母是他们乐于表现的意象。第三类是来自民间的普通画工，汉代民间流传的《山海经》基本上来源于由民间画工创作的画像石,而非《山海经》文本本身。画像石是按照画工的期待视野加工过的再认识,普通民众对《山海经》的认识和接受是在这些文化素养不高的画工认识和接受基础上的再认识和再接受,但正是这些画工的创作构成了强大的社会底层世俗的价值力量,反过来亦对画工的艺术创作起到制衡的作用。通过三类不同接受群体的接受方式的比较,考察特定时代的主流意识形态及审美趣味等因素对作品意义生成的影响,揭示出由于接受者与传播者期待视野的差异从而导致对"本文"理解与接受的不同而产生的差别。

二是从思想史的角度探寻《山海经》在思想意识领域的接受。具体分为三个层面,一个是汉代诸子思想对《山海经》的接受,汉初,黄老之学是当时的主流思想。淮南王刘安汇集大量门客,撰成《淮南子》。诸子学者以思辨、理性的眼光审视着《山海经》,这对于《山海经》在汉代接受乃至神话在汉代的发展具有指导性意义。一个是谶纬思想,"秦汉两代的思想史无论如何也绕不开谶纬之学,特别是在汉代,谶纬之风可以说几乎笼罩半个思想世界"。汉代在谶纬思潮的影响下产生了多部深受《山海经》影响的地理小说,遗憾的是,大量的地理小说只剩下断简残编甚至一鳞半爪,较全的只有《神异经》等。通过分析《神异经》对《山海经》的接受,帮助我们了解谶纬思想对《山海经》接受的影响和改造。再一个层面的思想接受来自图像性存在——汉代画像艺术。画像艺术的内容是以形象的方式向后人多角度地展示汉代社会的特点,是我们了解汉代社会状况的第一手资料,具有极高的史料价值。他们将神灵、怪兽、奇花异果雕刻在石头上,而《山海经》中大量的神灵怪兽的形象就成了这些工匠现成的创作指南。分析这些神灵怪兽的形象有助于我们对汉代民间的精神世界的发展和生产生活的变化有更深入的了解,还有助于我们了解《山海经》在特定社会时代背景和思想意识的影响下文化所产生的增殖与衰减。

三是从文体学的角度探讨《山海经》在汉赋中的接受。《山海经》以文学作品和地理书双重身份被汉代史书、汉赋、诸子之作等记载、引用，我们有必要从这个角度去探寻在这些文本记载中的接受状况。汉赋对于《山海经》的接受，一则是直接引用《山海经》中的奇禽怪兽。有汉一代，在经学影响下的符瑞观念、谶纬之学作用下的先验观念以及方士的求仙活动三方面共同作用影响，文学中也不免含有大量的神、神仙和神话方面的意象。再则是对于《山海经》尚奇精神的继承和发扬。汉赋尚奇，刘熙载《艺概·赋概》云："赋取乎丽，而丽非奇不显，是故赋不厌奇。"这一特征完全是和《山海经》一脉相承的。因此，通过分析汉赋这一文体对于《山海经》的接受，可以明了以下三点：第一，汉赋作者大都属于上层文人，通过这一研究可以了解《山海经》在上层文人中的传播状况，帮助我们建立更加完善的汉代《山海经》传播历程；第二，通过分析汉赋中的《山海经》元素，可以了解汉代文人的思想构成状况；第三，汉赋《山海经》接受研究可以促进汉赋学研究的进程。近现代以来，学者对汉赋研究投入相对较少，尤其是汉赋中神话研究、汉赋创作方法研究更为薄弱，这项研究将为汉赋学研究打开一个新的视角。

与此同时，每条线索纵横交错展开：横向主要考察汉代的物质生活和思想情境对作品的传播与接受的影响。汉代国势强盛，逐步构建起大一统政权以维护政治、思想的一统。一方面，统治者要打破先秦以来五帝并列的祭祀模式，取而代之的是独尊与汉代社会状况相适应的新的至尊神，由此来表明最高统治者合法的身份。另一方面，汉代人是真正意义上的第一次征服他们所能了解的"世界"，汉代文人的自豪感无比强烈，对外界也更加渴望去探索和把握。《山海经》既能满足人们对于新世界的好奇心，又充满大量带有隐喻性的想象和象征，自然就走到了舞台的中心。通过汉代《山海经》接受共时性的考察可以蠡测汉代的政治、经济、风俗、社会构成特点及社会意识形态等因素对《山海经》意义生成的影响。

纵向来说,汉代的社会思想大致经历了黄老之学—独尊儒术—谶纬方术。每个主流的社会思想都对《山海经》的接受者产生或多或少的影响。因此,历时性地纵向考察则可以了解两汉时期《山海经》接受行为的发生、发展、演变的过程及其各个时间点接受的特点。

综上,本书主要是对两汉《山海经》传播与接受历程及其在这一历程中产生的相关问题进行分析研究。两汉期间,掀起了《山海经》接受的高潮。当然这个热闹的背后是由《山海经》"本文"所蕴含的价值和接受主体的积极参与共同创造的。可以说,两汉《山海经》接受史是《山海经》确立其文本基础、阐述规范的枢纽,是后世研究《山海经》的基础。

目 录

第一章　绪论 …………………………………………………………… 001

第二章　两汉的《山海经》传播："暂显于汉"的尴尬 …………… 016

　　第一节　《山海经》书名及其篇目略论 ………………………… 016
　　第二节　《山海经》成书时间浅议 ……………………………… 023
　　第三节　《山海经》在两汉的传播透析 ………………………… 024

第三章　《淮南子》对《山海经》的接受：理性主义下的矛盾 …… 052

　　第一节　《淮南子》与《山海经》之关系考辨 ………………… 053
　　第二节　《淮南子》的作者及其知识结构探源 ………………… 055
　　第三节　《淮南子》对《山海经》接受分析 …………………… 059

第四章　《神异经》对《山海经》的接受：谶纬信仰下的改造 …… 082

　　第一节　《神异经》作者及成书时间 …………………………… 082
　　第二节　《神异经》创作背景分析 ……………………………… 085
　　第三节　《神异经》对《山海经》的接受分析 ………………… 089
　　第四节　"四凶"与"四恶"考辨 ……………………………… 110

第五章　汉赋对《山海经》的接受：浪漫主义的阐释 …… 119

第一节　神话地理——昆仑 …… 122
第二节　汉赋对《山海经》神话人物的接受研究 …… 130
第三节　汉赋对《山海经》空间方位的接受 …… 136
第四节　汉赋对《山海经》尚奇特征的接受 …… 139

第六章　汉画像艺术对《山海经》的接受：民间叙事的视域 …… 143

第一节　汉画像艺术中有关《山海经》内容考证 …… 144
第二节　汉画像艺术的传播学分析 …… 158
第三节　汉画像艺术对《山海经》接受的多元性 …… 162

第七章　余论 …… 172

参考文献 …… 180

后　记 …… 189

第一章 绪 论

《山海经》是中国上古文化的一部百科全书，内容包罗万象，但由于所记之事与记载的时间年代久远，所述不甚明了，因此被称为"语怪之祖"，其中所记载内容，常被认为荒诞不经。西汉司马迁对其评价是："至《禹本纪》《山海经》所有怪物，余不敢言之也。"[①]但其神秘莫测却吸引着众多研究者对其进行探究，试图解开它的神秘面纱。尤其是20世纪80年代以来，《山海经》的研究呈逐步深入态势，无论是从研究者的数量还是研究成果来说，都大大超过前人。从研究内容来看大致可分为内部研究和外部研究。内部研究主要是指《山海经》基础研究工作：文本的整理与校注、作者与成书年代的考证、篇目与版本的确定以及图文关系等；外部研究有这样一些子项目：《山海经》的性质确认、地理范围的考订、神话及神物的研究等。下面首先就《山海经》的研究现状作一番梳理。

一、《山海经》研究的现状与思路方法

1.《山海经》研究的基础建设

这方面的工作主要是指《山海经》的文本整理、校注、图文关系的研究等。袁珂先生于20世纪70年代校注了《山经》，1992年又完成了《海经新

[①] （汉）司马迁：《史记》，北京：中华书局，2013年，第3830页。

释》，并将两书合而为一，名《山海经校注》，接着又出版了《山海经校译》。袁先生的这两部注译本和他的系列研究论文，代表了20世纪《山海经》研究的最高成就："袁珂先生的《山海经校注》是系统研究《山海经》的重要注疏……书籍出版后在海内外都产生了广泛而深远的影响，先后有日本和法国的著名学者引用此书多处……是了解中国四千年前地理资料、认识原始混沌时期的巫术文化、研究中国上古图腾社会珍贵史料、领略古代神话传奇的必读著作。"[1]2000年之后，后继学人多另辟蹊径，从不同角度对《山海经》作全方位、多视点的研究。这方面的著作有张步天的《山海经解》，张氏在其提要中指出"'解'不等同于传统的'疏'或'传'，而是欲藉现代科学观念破译全部经文"。安京的《〈山海经〉新考》则偏重于文献比较的方法和音韵学方法，作者对《山海经》的诸多问题，如《山海经》的版本、研究史以及文本中的人神、禽兽、物品、地名等进行了详细的梳理，拓宽了研究的视野。普及类的注本还有陈成《图文本山海经》、沈薇薇《山海经译注》等，都是不错的入门读物。王宁的《海经新笺》分上、中、下三篇，"在袁珂《山海经校注》一书的基础上，旁罗古籍，并参以出土的甲、金、竹、帛文献资料，对其中的《海经》部分的一些事物、语词作了新的解释"[2]。上述著作或论文都在一定程度上弥补了袁著的不足，使其注释工作更加完备。

基础工作中有关《山海经》的图文研究是这个时期的重要成果。《山海图》的研究尽管是个古老的课题，但当代学人第一次系统地对这个问题进行梳理，形成了较好的研究体系。这个方面成就最大的当属马昌仪，她的《古本山海经图说》[3]是专门研究这个课题的第一本著作，并连续就《山海经图》问题发表了系列论文。在《古本山海经图说》一书中努力收集历代古本《山海经图》，探索《山海经图》的来龙去脉，重点剖析了明清两代《山海经》图本的特色与文化意蕴。她还在《中日山海经古图之比较研究》一文中将视野拓

---

[1] 郭华：《山海经校注评介》，《求索》2011年第2期。
[2] 王宁：《海经新笺(中)》，《古籍整理研究学刊》2000年第2期。
[3] 马昌仪：《古本山海经图说》，济南：山东画报出版社，2001年。

至域外,比较了中日《山海经图》的异同与渊源,更是具有特殊价值。沈海波则重点考察了《山海经图》亡佚的时间,指出其亡佚"大致可推定在汉宣帝至汉成帝之间"。① 该作者在 2002 年还论证了《山海图》产生于春秋中晚期②。张春生则在否定禹九鼎说、楚汉壁画说的基础上,通过对《山海经》的据图叙事形式、所表述的地图要素以及涉及的地域范围等方面的论证,认为"《山海图》是一幅综合性、多功能的世界大地图"。③ 此外,张祝平针对马文主要对明清时期《山海经》图文作分析,进一步将研究视点深入到宋代几位学者关于《山海图》的说法,并对其进行了一些梳理辩证,是马文的有效补充④。以上诸文对《山海图》的发掘与研究,纠正了 2000 多年以来人们对《山海图》的偏见,是《山海经》阐释视角的又一大突破。值得一提的是,与上述诸家不同的是,汪俊据刘歆《上〈山海经〉表》、裴骃《山海经集解》等文献资料证明,《山海经》不存在"古图","最早为《山海经》配图的是晋代的郭璞,关于《山海图》的记录均是东晋以后的记载"。⑤ 论证较为充分,可备一说。

2.《山海经》作者、版本、成书时间研究

《山海经》作者的认定和成书时间的考证是紧密相关的,《山海经》研究者一般会将二者联系在一起讨论。具体来说,顾颉刚认为是秦人的作品,蒙文通以为是巴蜀人的作品,袁珂以为是楚国或楚地的人所作。⑥ 90 年代这一论题相对沉寂,只有为数不多的几篇论文。2000 年以来,关于《山海经》的作者、性质以及版本问题又重新进入众多研究者的视野,袁先生的观点得到进一步的阐述。唐世贵从考古学、语言学、文献学角度对《山海经》作了较为深入的考察,指出,"《山海经》巴蜀图语本成书于西周前期,战国初中期,

---

① 沈海波:《略论山海经图的流传情况》,《上海大学学报》(社会科学版)2000 年第 5 期。
② 沈海波:《论山海图产生的时代》,《上海大学学报》(社会科学版)2002 年第 1 期。
③ 张春生:《试论山海图》,《福建师范大学福清分校学报》2006 年第 3 期。
④ 张祝平:《宋人所论山海经图辩证》,《中国历史地理论丛》2001 年第 4 期。
⑤ 汪俊:《山海经无"古图"说》,《徐州师范大学学报》(哲学社会科学版)2002 年第 3 期。
⑥ 详见蒙文通:《巴蜀史的问题》,《四川大学学报》(哲学社会科学版)1959 年第 5 期。

华文本《山海经》由定居蜀地的楚国贵族后裔综合图语本、口头流传,再加入楚地神话以及中原、海外历史地理知识编写而成。"[1]贾雯鹤结合《山海经》语言学研究成果,进一步缩小其成书的时间:"其上限当是战国初年或中年,下限当是战国末年。"[2]金荣权亦有相类似的结论:"作者将西南地域作为后世主要文化集团的发源之地,帝俊、伏羲、颛顼、夏后启、炎帝、祝融都与巴蜀之地有深厚的渊源关系;《山海经》极力突出巴蜀地区文化地理的中心位置,具有明显的重西南的倾向;有意将西南纳入华夏中心地带,并且称之为天地之中;西南是《山海经》作者眼中的长生之地和快乐之乡。"[3]其实不管是"定居蜀地的楚国贵族"还是"深受北方文化影响的巴蜀人",皆如李炳海所论证的:"反映出先楚集团及楚族迁徙的轨迹,以及楚文化与巴蜀文化的密切关联。"[4]对于《山海经》的版本问题,2000年以来更多的关注集中在《山海经》的内部版本考察。如张国安:"《大荒经》早于《山海经》,其内容是对商代某象征天圆地方原始宇宙观的神秘主义建筑之结构及其壁画内容的记录与描述。《山海经》则晚于《大荒经》,内容属于东周时代颛顼后裔的东西。"[5]王红旗认为:"郭璞版《山海经》中次一经是从北次二经脱落下来的,原版中次一经已经失传,其记述的地理方位大体在今日汉水上游及其支流丹水一带。"[6]对于《山海经》内部版本的考证有利于解析《山海经》文本的内容,从而把握《山海经》的真面目。

3.《山海经》地理考证

地理学的解读一直是《山海经》研究的热点。这个时期较为瞩目的是

---

[1] 唐世贵:《山海经成书时地及作者新探》,《辽宁师范大学学报》(社会科学版)2006年第4期。
[2] 贾雯鹤:《山海经两考》,《中华文化论坛》2006年第4期。
[3] 金荣权:《山海经作者应为巴蜀人》,《贵州社会科学》2004年第6期。
[4] 李炳海:《山海经江汉沿岸的冢陵传说及楚族的自川入鄂——兼论楚文化与巴蜀文化的关联》,《江汉论坛》2011年第7期。
[5] 张国安:《大荒经与山海经关系新论》,《河南师范大学学报》(哲学社会科学版)2007年第5期。
[6] 王红旗:《郭璞版山海经中次一经是从北次二经脱落下来的》,《福建师范大学福清分校学报》2011年第1期。

《山海经》世界地理说。最早将《山海经》与西方世界联系起来的是19世纪末的法国学者,20世纪初章太炎先生发表《法显发现西半球说》[1],开中国学者探讨这一问题之先河。随着80年代《山海经》研究工作的深入开展,这一课题的研究在90年代获得更多的呼应。徐显之认为《大荒东经》描述了美洲事物,又说"寿麻""实为对热带沙漠地区的描写","正是西方非洲赤道沙漠地区的情况"[2],不过没有具体点出国名。宫玉海是持这一观点的代表,在其专著中提出:"现在肯定地说,《山海经》是以中国为中心的世界地理书,它又是一本博物志,一本不可再得的珍贵的世界古代文化史料。"[3]进入21世纪,《山海经》的世界地理说仍有不少附和者,如胡远鹏[4]、张敏[5]等。研究方法的多样化和观察视角的多维度,有利于形成思想开放、百家争鸣、百花齐放的学术氛围,但如果论述过程中推断大于实证、假想多于考订,尽管说法颇为新颖,似有哗众取宠之嫌,结论更是值得商榷。例如前文所引胡文之所以认定《山海经》和澳洲发生牵连,是因为"澳大利亚一词来源于'於菟',即老虎。《山海经·大荒南经》中写作'胡余'"[6],除此之外就是援引一些传闻加以说明。诚如萧兵先生所指出的:"从论证的依据来看,如此一些事关重大的判断主要是从语音方面推导得来的,即把汉字读音同西文地名发音相近者作为立论根基,这未免过于单薄,而且有古今音不分之嫌。"[7]因此有人明确否定这种地理研究的扩大化,张中一先生在《〈山海经〉并非世界地理志》一文中,从文本出发逐条批驳了《山海经》与美洲、澳洲等地的关联。[8]

---

[1] 章太炎:《章太炎全集》(第四卷),上海:上海人民出版社,1985年,第484—487页。
[2] 徐显之:《山海经探原》,武汉:武汉出版社,1991年,第78页。
[3] 宫玉海:《山海经与世界文化之谜》,长春:吉林大学出版社,1995年,第7页。
[4] 胡远鹏:《澳大利亚土著来源之谜——从山海经等古文献看最早的移民来自中国》,《化石》2002年第4期。
[5] 张敏:《深入山海经研究,探索美洲文明起源》,《福建师范大学福清分校学报》2007年第1期。
[6] 胡远鹏:《澳大利亚土著来源之谜——从山海经等古文献看最早的移民来自中国》,《化石》2002年第4期。
[7] 叶舒宪、萧兵、郑在书:《山海经的文化寻踪》,武汉:湖北人民出版社,2004年,第35页。
[8] 张中一:《山海经并非世界地理志》,《岳阳职业技术学院学报》2007年第5期。

进入 21 世纪以来,随着地方文化研究的展开,许多地方文化工作者充当了地方文化资源的挖掘者和阐释者。他们乐于从《山海经》中探寻和本地区文化相关联的蛛丝马迹:王宁认为,《山经》是战国时代齐国的夏朝裔民东夷族的作品,它记述的是夏王朝故国的山川风貌,其范围大体是以今山东省为中心……故对《山经》的研究,应当列入齐鲁文化加以探讨。① 相类似的文章还有《〈山海经〉中成都坝子》《〈山海经〉中河洛地区》等等。其中《〈禹贡〉、〈山海经〉所记湖北古地理》一文认为《山海经》记载了湖北古地理的许多山川、河流、物产②。金宇飞则指出"昆仑"是指贺兰山③,等等。我们认为这单一的研究手段本身就是有所欠缺的,上述"拉郎配"式地理研究更是存在着较大的缺陷。《山海经》因其特殊的成书原因,上述做法无异于盲人摸象,我们不妨介入一些新的研究视野。20 世纪 80 年代,政治地理学逐渐步入学者视野,依据政治地理学的观点,"地理学的产生、发展和实际应用都不可避免地受到非地理的因素制约,特别是政治和军事的因素(广义的政治又可将军事包括在内)。《山海经》虽然表面上看起来确实像一部地理书,甚至还给人以科学实录的假象:不厌其烦地罗列山川河流、地形地貌、物产资源、方向里程等等,但这些仅仅是些虚实难辨的陈述,总体上呈现出一幅政治想象图景,是服务于特定功利目的。所以,古往今来试图用纯实证的方法对《山海经》内容加以考实的种种尝试均不能令人如愿。我们若能从政治地理的观点去考察,也许能说明《山海经》构成的奥妙。"④ 与政治地理学具有同样启发意义的则是叶舒宪的神话地理学:"《山海经》产生的年代只有神话地理而没有地理科学。"因此"承载神话观念的《山海经》一书,与其用地理学的实证标准去考证其客观性的真实存在地,不如用神话地理的视角去诠释其主观发生的真实过程"。他还以《山海经》中"熊山"为例论证了"华夏文明的熊神

---

① 王宁:《五藏山经记述的地狱及作者新探》,《管子学刊》2005 年第 5 期。
② 牛红广:《山海经中河洛地区》,《洛阳师范学院学报》2008 年第 4 期。
③ 金宇飞:《山海经中"昆仑"地理位置新探》,《宁夏大学学报》(人文社会科学版)2007 年第 6 期。
④ 刘国旭、辛晓十:《山海经中的地理学思想》,《科技信息》(学术研究)2006 年第 9 期。

信仰及其在史前宗教中的地位"①。他的一说法颇具开创意义,大大拓宽了我们的研究思路。若把《山海经》当作社会学、神话学的对象来研究,要比把它当作单纯的地理著作来研究更具有学术价值。

4.《山海经》神话研究

近年来,对于《山海经》神话的研究呈现出两个特点:

(1)从内容上讲研究视角更加开阔,比如所谓的"四大神话"研究在80年代乃至90年代一直是关注的重点,但2000年至今,有关"四大神话"的研究论文只有2篇,仅占这时期神话研究论文总数的0.4%。而这一时期《山海经》神话研究,首先聚焦在诸神的研究,比如《后羿射日考》《夸父逐日新说》《精卫填海神话考释》等。这一时期,除了研究诸神之外,还将目光延伸至《山海经》神话群系研究②、变形神话研究、神话思维研究③等,此外还包括乐园神话研究④、海洋神话研究⑤,其中方牧指出《山海经》"是中国古代第一部写海洋的经典"。从上述列举的论文中不难看出这个时期对于《山海经》神话研究已经不是停留在具体神物的考释层面,而是涉及《山海经》神话元素的特点、性质的分析,从更宏观的角度对《山海经》中神话作进一步探讨,大大拓展了《山海经》神话研究的视野。

(2)从研究方法上看,2000年之前,研究者更多的是运用考证、文化人类学等方法来研究《山海经》神话。较少涉及《山海经》的比较研究,仅有几篇论文涉及比较的方法,但又都是从史学的角度。如赵荣考证《五臧

---

① 叶舒宪:《山海经与神话地理——以山海经"熊山"考释为例》,《中国社会科学学报》2010年第3期。

② 张佳颖、张步天:《"山海经神话群系"的传承流变》,《福建师范大学福清分校学报》2006年第4期。

③ 李增华:《山海经神话思维的演变和特征》,《边疆经济与文化》2008年第3期。

④ 贾雯鹤:《山海经乐园神话研究》,《烟台大学学报》(哲学社会科学版)2004年第4期。

⑤ 方牧:《山海经与海洋文化》,《浙江海洋学院学报》(人文科学版)2003年第2期。金涛:《从山海经等海洋神话探索东海岸海岛先民的生存状态》,《浙江海洋学报》(人文科学版)2009年第2期。史玉凤、赵新生:《山海经的海洋小说"母题原型"及其海洋文化特质》,《江苏海洋大学学报》(人文社会科学版)2010年第1期。

山经》的写作时间,指出"在内容上,《五藏山经》取法于《禹贡》,而不是《禹贡》'取材'于《五藏山经》"①。从而否定了在写作时代上,《五藏山经》早于《禹贡》的流行观点。还有安京等零星的几篇论文②。但近几年来,《山海经》神话比较研究俨然已成为研究的重要手段。从比较的对象来说,涉及《楚辞》《镜花缘》《逸周书》《华阳国志》《伊利亚特》等。如纪晓建一直致力于《山海经》与《楚辞》神话的比较研究,发表了系列论文③,作者通过比较认为:"《楚辞》《山海经》的神祇具有明显的趋同性特点。不论是主宰天地人间、拥有至高无上权威的至上神,还是具有贤德睿智、地位显赫的人类各族祖先神,或是掌管自然界各种具体事物的功能神,在称谓和司职上都有众多相同或相近之处。这种趋同反映了《楚辞》《山海经》在文化渊源上的同源关系。"④此外还有一些采用类似横向比较研究的作品。⑤ 这种神话学上的比较研究有助于我们横向把握《山海经》及其同时期文本神话的性质、特点,更能在纵向上构建上古神话的发展线索,在动态中了解中国神话的发展过程。

从以上分析不难看出,这十多年来《山海经》的研究是 20 世纪的延伸与拓展,在诸多方面取得不俗的成绩。但在这热闹的表面背后,更要时刻保持清醒的头脑,不能只满足于表面上的"粗放式"的数量的增长,而忽视对于材料深层次的挖掘和研究质量的提高。文本的内容、所涉资料都是有限的,更加需要我们运用新的研究方法,对其进行重新定位,这才不失为一种可持续发展的研究道路。

---

① 赵荣:《试论禹贡与五藏山经的关系》,《西北大学学报》(哲学社会科学版)1986 年第 2 期。
② 安京:《山海经史料比较研究》,《中国边疆史地研究》1996 年第 1 期。
③ 纪晓建:《楚辞与山海经山水树木神话之互证》,《理论月刊》2006 年第 11 期。纪晓建:《楚辞山海经灵巫之互证——楚辞山海经神话比较研究》,《社科纵横》2007 年第 5 期。
④ 纪晓建:《山海经楚辞鲧神话差异的文化成因》,《南通大学学报》(社会科学版)2007 年第 4 期。
⑤ 安京:《山海经与逸周书·王会篇比较研究》,《中国边疆史地研究》2004 年第 4 期。刘琴:《山海经对镜花缘的影响》,《许昌学院学报》2005 年第 1 期。唐世贵:《华阳国志与山海经比较研究》,《攀枝花学院学报》2006 年第 5 期。

二、与本论题研究相关的理论及方法

纵观近年来《山海经》的研究成果,不难看出仍然沿着传统的研究方法,即注重文本的考证以及对审美客体的研究,而未能注意到读者对文本的认识和接受,后者是接受美学研究的主要范畴。接受美学是20世纪60年代末兴起于联邦德国的一种全新视角研究文学的范式,这一理论的代表人物为德国康斯坦茨大学的姚斯(Hans Robert Jauss)和伊泽尔(Wolfgang Ise)。它以现象学和现代阐释学为理论基础,以读者为中心进行研究,从读者的接受实践即作品入手,去研究作者、作品、读者之间的动态交往过程。接受美学的主要理论观点包括:

1."本文"

伊泽尔对文学"作品"与"本文"作了严格的区分,一部文学作品在未经读者阅读之前,只能称为"本文",文学作品既不单纯等同于作者艺术创造的成果"本文",也不单纯等同于读者的审美实现,而是界于二者的结合或交融。这是因为在伊泽尔看来,文学作品是作者与读者的共同创造,作品的意义不是一个恒定不变的"常数",而是一个有无穷可能性的"变数"。接受美学认为文学作品只有经过读者的阅读、再创造,作品的内容才能被具象化,才被赋予时代特色和审美价值,作品的意义才能体现出来。因而,在接受美学看来读者在作品意义的生成过程中是不容忽视的。

2."期待视野"

姚斯认为,任何一个读者,在其阅读任何一部具体的文学作品之前,都已处在一种前理解或先在的认识状态。没有这种先在的理解与先在的认识,任何新东西都不可能为经验所接受。这种先在理解就是文学的期待视野。也就是说,读者原先的各种趣味、素养、实际生活经验、观念、阅历、人生观等因素综合形成的对文学作品的一种欣赏要求和鉴赏水平,在具体的阅读和鉴赏中,表现为对文学"本文"的一种审美经验的期待视界。作品意义是由作家和读者共同创造的,因此读者在作品意义实现的过程中具有决定性作用。任何读者都是以自己的期待视野和审美标准去阅读文学作品的,读者先在的知识状态和鉴赏水平对同一"本文"的理解和阐释可以做出诸多不同的解释。也就是说,读者在阅读过程中,自觉地参与了作品意义的生成和作品经典化的过程,他们在接受过程中的价值取向又导致新的作品不断地产生。在这个螺旋式发展过程中,读者的具体化为第一性,文本的未确定性为第二性。

3."召唤结构"

所谓召唤结构,"是指文学作品中存在着意义的空白和不确定性,各语义单位之间存在着连接的'空缺',以及对读者习惯视界的否定会引起心理上的'空白',所有这些组成文学作品的否定性结构,成为激发、诱导读者进行创造性填补和想象性连接的基本驱动力"[1]。不确定性和意义空白构成了作品的基础结构,这种"召唤结构"是连接接受意识和创作意识的桥梁。由于文学作品中存在许多不确定的因素与空白,读者在阅读时如不用想象将这些不确定因素确定化、将这些"空白"进行适当的填补,他的阅读活动是无法进行的。

自 20 世纪 80 年代至今,从接受与传播的角度对古代文学文本进行研究的相关论文有数百篇之多,专著的数量也有数十部,其中有关接受美学理论方面的著作有:张思齐《中国接受美学导论》[2]、吴刚《接受认识论引论》[3]、朱立元《接受美学导论》[4]等。以接受理论为指导进行研究的著作主要有:陈文忠《中国古典诗歌接受史研究》[5]、刘宏彬《〈红楼梦〉接受美学论》[6]、尚学

---

[1] 朱立元:《接受美学导论》,合肥:安徽教育出版社,2004 年,第 179 页。
[2] 张思齐:《中国接受美学导论》,成都:巴蜀书社,1989 年。
[3] 吴刚:《接受认识论引论》,北京:北京大学出版社,1996 年。
[4] 朱立元:《接受美学导论》,合肥:安徽教育出版社,2004 年。
[5] 陈文忠:《中国古典诗歌接受史研究》,合肥:安徽大学出版社,1998 年。
[6] 刘宏彬:《〈红楼梦〉接受美学论》,郑州:河南人民出版社,1995 年。

锋等《中国古典文学接受史》[①]、尚永亮《庄骚传播接受史综论》[②]、李剑锋《元前陶渊明接受史》[③]、俞樟华等《唐宋史记接受史》[④]、宋莉华《明清时期的小说传播》[⑤]、刘学锴《李商隐诗歌接受史》[⑥]、王玫《建安文学接受史论》[⑦]、李玉莲《中国古代白话小说戏曲传播论》[⑧]、赵山林《中国戏曲传播接受史》[⑨]、陈水云《唐宋词在明末清初的传播与接受》[⑩],等等。

上述研究著作有助于拓宽我们研究视野,也就是说接受美学理论可以使我们变换角度去看待文本:如历时性、众多的读者参与了文学"本文"意义的再创造和作品价值、地位的动态变化等。"一部作品的接受史便是一部后代读者对作品及前代读者的接受成果的继承发展史、扬弃创造史,是凝定与新变、积淀与突破辩证结合的历史。"[⑪]鉴于此,本书以接受美学为理论框架,从文学的传播与接受角度切入,以读者为中心梳理《山海经》在两汉的传播生态,在此基础上探寻《山海经》本文所蕴涵的文化底蕴和作为传播对象在各个时代所呈现的价值、意义和作用,进而揭示《山海经》在两汉短暂兴起的原因,以期有所收获。

三、本书研究的思路及主要内容

根据传播学的相关理论及对接受美学的运用,从《山海经》实际接受活动出发,对两汉《山海经》的接受研究主要从以下三条线索展开:

[①] 尚学锋、过常宝、郭英德:《中国古典文学接受史》,济南:山东教育出版社,2000年。
[②] 尚永亮:《庄骚传播接受史综论》,北京:文化艺术出版社,2000年。
[③] 李剑锋:《元前陶渊明接受史》,济南:齐鲁社,2002年。
[④] 俞樟华、虞黎明、应朝华:《唐宋史记接受史》,长春:吉林人民出版社,2004年。
[⑤] 宋莉华:《明清时期的小说传播》,北京:中国社会科学出版社,2004年。
[⑥] 刘学锴:《李商隐诗歌接受史》,合肥:安徽大学出版社,2004年。
[⑦] 王玫:《建安文学接受史论》,上海:上海古籍出版社,2005年。
[⑧] 李玉莲:《中国古代白话小说戏曲传播论》,太原:山西教育出版社,2005年。
[⑨] 赵山林:《中国戏曲传播接受史》,上海:上海人民出版社,2008年。
[⑩] 陈水云:《唐宋词在明末清初的传播与接受》,北京:中国社会科学出版社,2010年。
[⑪] 李剑锋:《元前陶渊明接受史》,济南:齐鲁社,2002年,第4页。

一是对《山海经》在两汉时期的传播进行研究。主要考察《山海经》的传播历程、传播者的构成特点、传播的目的与方式、受众的构成特点与接受方式及接受效果,探索同一作品在不同时期的不同传播对象的接受中所呈现的价值意义及折射出的时代特质,如两汉《山海经》的接受群体可分为三类,一类是帝王及封建正统文人,他们占据着整个传播环节的上游,以不可逆转的意志决定社会意识形态的发展方向。他们带着猎奇的心理审视《山海经》,或是肯定《山海经》地理的、博学的知识,或是对其中的"异兽"表示怀疑乃至否定,一切都是从他们的审美期待视野出发,所彰显的实用价值和审美意义符合他们的审美期待视野。这对《山海经》的传播起着导向性作用。第二类是学者和一般文人,汉代初年思想环境相对比较宽松,诸子遗风尚存,学者在一定程度上能够摆脱统治者的影响而多角度、多层次认识和接受《山海经》。他们注重考证《山海经》的作者、版本以及书中所提到的地理方位的确认,这对于《山海经》的基础工作建设起到关键性作用,也为两汉《山海经》的传播夯实了技术性工作。另外,一般文人更多地以浪漫的气质追求人的生命永恒——呼应时代的精神需求,因此西域的昆仑和西王母是他们乐于表现的意象。第三类是来自民间的普通画工,汉代民间流传的《山海经》基本上来源于由民间画工创作的画像石,而非《山海经》本身。画像石是按照画工的期待视野加工过的再认识,普通民众对《山海经》的认识和接受是在这些文化素养不高的画工认识和接受基础上的再认识和再接受,但正是这些画工的创作构成了强大的社会底层世俗的价值力量,反过来亦对画工的艺术创作起到制衡的作用。通过三类不同接受群体的接受方式的比较,考察特定时代的主流意识形态及审美趣味等因素对作品意义生成的影响,揭示出由于接受者与传播者期待视野的差异从而导致对"本文"理解与接受的不同而产生的差别。

二是从思想史的角度探寻《山海经》在思想意识领域的接受。具体分为三个层面:一个是汉代诸子思想对《山海经》的接受,汉初,黄老之学是当时的主流思想。淮南王刘安汇集大量门客,撰成《淮南子》。诸子学者以思辨、理性的眼光审视着《山海经》,这对于《山海经》在汉代接受乃至神话在汉代的发展具有指导性意义。一个是谶纬思想,"秦汉两代的思想史无论如何也绕不开谶纬之学,特别是在汉代,谶纬之风可以说几乎笼罩半个思想世界"①。汉代在谶纬思潮的影响下产生了多部深受《山海经》影响的地理小说,遗憾的是,大量的地理小说只剩下断简残编甚至一鳞半爪,较全的只有《神异经》等。通过《神异经》对《山海经》接受的分析,有助于我们了解谶纬思想对《山海经》接受的影响和改造。再一个层面的思想接受来自图像性存在——汉代画像艺术。画像艺术的内容是以形象的方式向后人多角度地展示汉代社会的特点,是我们了解汉代社会状况的第一手资料,具有极高的史料价值:"在以图形为主的考古资料中我们也能体会到秦汉人的知识背景和思想水平,秦汉时代的人们基于经验,以为象征和象征所模拟的事物或现象之间有某种神秘的关系,于是那些画像图像类的东西可能并不只是一种单纯的艺术品,而有某种神秘的实用意味。"②他们将神灵、怪兽、奇花异果雕刻在石头上,装饰在墓木、四壁以及祠堂和石阙之中,让这些神灵永远保佑着自己,一直护送着他们到达人生的彼岸——位列仙班。而《山海经》中大量的神灵怪兽的形象就成了这些工匠现成的创作指南。通过对这些神灵怪兽形象的分析,有助于我们对汉代民间的精神世界的发展和生产生活的变化有更深入的了解,还有助于我们了解《山海经》在特定社会时代背景和思想意识的影响下所产生的文化增殖与衰减。

三是从文体学的角度探讨《山海经》在汉赋中的接受。《山海经》以文学作品和地理书双重身份被汉代史书、汉赋、诸子之作等记载、引用,我们有必要从这个角度去探寻在这些文本记载中的接受状况。汉赋对于《山海经》的接受,一则是直接引用《山海经》中的奇禽怪兽。有汉一代,在经学影响下的符瑞观念、谶纬之学作用下的先验观念以及方士的求仙活动三方面共同作用影响,文学中也不免含有大量的神、神仙和神话方面的意象。《山海经》本是上古神话之渊薮,谢榛《四溟诗话》中分析赋家创作的知识支持,一语中

---

① 葛兆光:《中国思想史》,上海:复旦大学出版社,2001年,第277页。
② 葛兆光:《中国思想史》,上海:复旦大学出版社,2001年,第221页。

的:"汉人作赋,必读万卷书,以养胸次",盖以《离骚》为主,《山海经》《舆地志》《尔雅》诸书为辅,又必精于六书,识所从来,自能作用。"①再则是对于《山海经》尚奇精神的继承和发扬。汉赋尚奇,刘熙载《艺概·赋概》云:"赋取乎丽,而丽非奇不显,是故赋不厌奇。"②汉赋代表作家司马相如的创作很能说明这两个方面的接受特点,仅以《上林赋》中描写怪兽的一段为例:"其南则隆冬生长,涌水跃波,其兽则庸旄貘犛,沈牛麈麋,赤首圜题,穷奇象犀。其北则盛夏含冻裂地,涉冰揭河;其兽则麒麟角端,騊駼橐驼,蛩蛩驒騱,駃騠驴骡。"③在司马相如笔下,上林苑是一个充满神奇怪异的地方。唐司马贞《史记索隐》引晋灼曰:"此虽赋《上林》,博引异方珍奇,不系于一也。"④也是说明了《上林赋》尚奇这一特征,这一特征完全是和《山海经》一脉相承的,对于《山海经》的"尚奇"特点,杜佑指出:"《禹本纪》《山海经》不知何代之书,详其恢怪不经,宜夫子删诗书以后尚奇者所作,或先有其书,如诡诞之言,必后人所加也。"⑤因此,通过分析汉赋这一文体对于《山海经》的接受,可以明了以下三点:第一,汉赋作者大都属于上层文人,通过这一研究可以了解《山海经》在上层文人中的传播状况,帮助我们建立更加完善的汉代《山海经》传播历程;第二,通过分析汉赋中《山海经》元素,可以了解汉代文人的思想构成状况;第三,汉赋《山海经》接受研究可以促进汉赋学研究的进程。近现代以来,学者对汉赋研究投入相对较少,尤其是汉赋中神话研究、汉赋创作方法研究更为薄弱,这项研究将为汉赋学研究打开一个新的视角。

与此同时,每条线索纵横交错展开:横向主要考察汉代的物质生活和思想情境对作品的传播与接受的影响。汉代国势强盛,逐步构建起大一统政权为维护政治、思想的一统。一方面,统治者要打破先秦以来五帝并列的祭祀模式,取而代之的是独尊与汉代社会状况相适应的新的至尊神,由此来表

---

① 《四溟诗话》卷二,丁福保辑:《历代诗话续编》,北京:中华书局,1983年,第1175页。
② (清)刘熙载著,王气中笺注:《艺概笺注》,贵阳:贵州人民出版社,1980年,第293页。
③ 龚克昌等:《全汉赋评注》,石家庄:花山文艺出版社,2003年,第138页。
④ (汉)司马迁:《史记》,北京:中华书局,2013年,第3648页。
⑤ (唐)杜佑:《通典》,北京:中华书局,1988年,第4562页。

明最高统治者合法的身份。不知不觉中,汉代政治生活也因此与巫术产生了密切联系,正如章太炎所说:"巫道乱法,鬼事干政,尽汉一代,其政事皆兼循神道。"①另一方面,汉代人是真正意义上的第一次征服他们所能了解的"世界",汉代文人的自豪感无比强烈,对外界也更加渴望去探索和把握。《山海经》既能满足人们对于新世界的好奇心,又充满大量带有隐喻性的想象和象征,自然就走到了舞台的中心。通过汉代《山海经》接受共时性的考察,可以蠡测汉代的政治、经济、风俗、社会构成特点及社会意识形态等因素对《山海经》意义生成的影响。

姚斯说:"一部文学作品,并不是一个独立自在的、对每个时代每一位读者都提供同样图景的客体。它并不是一座独白式地宣告其超时代性质的纪念碑,而更像是一本管弦乐谱,不断在它的读者中激起新的回响,并将作品本文从语词材料中解放出来,赋予其以现实的存在。"②以汉代思想发展为例,汉代的社会思想大致经历了黄老之学—独尊儒术—谶纬方术。每个主流的社会思想都对《山海经》的接受者产生或多或少的影响。因此,历时性地纵向考察则可以了解两汉时期《山海经》接受行为的发生、发展、演变的过程及其各个时间点接受的特点。

综上,本书主要是对两汉《山海经》传播与接受历程及其在这一历程中产生的相关问题进行分析研究。可以认为,两汉《山海经》经典地位的确立是由"本文"所蕴含的价值和接受主体的积极参与共同创造的,两汉《山海经》接受史是《山海经》确立其文本基础、阐述规范的枢纽,是后世研究《山海经》的基础。

---

① 沈志钧:《章太炎政论选集》,北京:中华书局,1977年,第690页。
② 朱立元:《接受美学导论》,合肥:安徽教育出版社,2004年,第64页。

第二章 两汉的《山海经》传播："暂显于汉"的尴尬

第一节 《山海经》书名及其篇目略论

今本《山海经》由《山经》和《海经》两部分组成,三者之间的隶属关系一目了然。但遗憾的是,古人有时会将《山海经》省略为《山经》,例如:汉人王充曾言:"案太史公之言,《山经》《禹纪》,虚妄之言。凡事难知,是非难测。"① 此处将《山经》与《禹纪》并称,"《山经》"是《山海经》的简称还是今本《山经》部分,甚是不明。这给《山海经》内容的界定带来了很多的不便,因此有必要首先辨析两个名称之间的区别和联系。此外,《山海经》版本丰富,现今通行的《山海经》分经文、注文两类。"经"是指《山海经》原文,根据研究表明,至战国中叶,其"经文"不断补充,最终由汉刘歆整理为十八篇。晋郭璞始为《山海经》作注。自此,《山海经》即以"经"、"注"合本流传于世。因此有必要在前人研究成果的基础上,对《山海经》的名称、版本和篇目作一番梳理。

一、《山海经》书名

一般认为《史记》之前并无《山海经》之名,因为《山海经》之名最早见于

---

① (汉)王充著,黄晖校释:《论衡校释》,北京:中华书局,1990年,第476页。

第二章 两汉的《山海经》传播:"暂显于汉"的尴尬

《史记·大宛列传》云:"至《禹本纪》《山海经》所有怪物,余不敢言之也。"①但王充的《论衡·谈天》在引用这段话时却将《史记》中所言"《山海经》"的"海"字去掉:"故言九州山川,《尚书》近之矣。至《禹本纪》《山经》所有怪物,余不敢言也。"②紧接着,王充又说:"案太史公之言,《山经》《禹纪》,虚妄之言。"③如果说王充后一则材料是和《禹纪》一样采取省略语,《山海经》简称为《山经》,那么前一则材料《禹纪》则被全称为《禹本纪》,从一致性的角度讲,如果当时《史记》有《山海经》之名,王充在此不会简称为《山经》的。可见王充当时所见到的《史记》,应当只是写作《山经》,而非《山海经》。因而,今本《史记》所载《山海经》是否为原貌早就引起学者的怀疑。

在《论衡·别通》中,王充考释了《山海经》的作者和成书经过:

> 禹、益并治洪水,禹主治水,益主记异物,海外山表,无远不至,以所闻见,作《山海经》。非禹、益不能行远,《山海》不造。然则《山海》之造,见物博也。董仲舒睹重常之鸟,刘子政晓贰负之尸,皆见《山海经》,故能立二事之说。使禹、益行地不远,不能作《山海经》;董、刘不读《山海经》,不能定二疑。④

桐城黄晖注曰:"此说杜佑已疑之。太史公时,只见'《山经》',尚无'《山海经》'之目。《惜抱轩笔记》曰:'其书出于秦、汉之间。西汉流俗乃有以为禹、益所作者。'所说近是。"⑤黄晖还引用《汉书》和《前汉纪》中两则材料注曰:

> 《史记》今本作"《山海经》",误。《汉书》《前汉纪》并述史公此

---

① (汉)司马迁:《史记》,北京:中华书局,2013年,第3830页。
② (汉)王充著,黄晖校释:《论衡校释》,北京:中华书局,1990年,第476页。
③ (汉)王充著,黄晖校释:《论衡校释》,北京:中华书局,1990年,第476页。
④ (汉)王充著,黄晖校释:《论衡校释》,北京:中华书局,1990年,第597—598页。
⑤ (汉)王充著,黄晖校释:《论衡校释》,北京:中华书局,1990年,第598页。

文,而无"海"字,与《论衡》合。《山经》《海经》两书,《海经》后出,史公只见《山经》,故《后汉书·西南夷传论》亦称"《山经》",仍沿旧名。毕沅校《山海经》曰:"合名山海经,或是刘秀所题。"其说是也。然谓太史公已称之,则失考耳。①

黄晖所说甚是,文中所提"《汉书》"当是《汉书·张骞李广利传》:

> 《禹本纪》言河出昆仑,昆仑高二千五百里余,日月所相避隐为光明也。自张骞使大夏之后,穷河原,恶睹所谓昆仑者乎? 故言九州山川,《尚书》近之矣。至《禹本纪》《山经》所有,放哉!②

整个这段话基本抄录了《史记·五帝本纪》,独独将今本《史记》中《山海经》改为《山经》,这应当不是作者的疏忽,而是在司马迁时代只有《山经》,而无《山经》之外的《海经》和《荒经》部分。此外,从记载的内容来说,在今本《山海经》里,除《山经》外的十三篇《海经》,主要记载奇特的国家和民族,似乎和"怪物"有点沾不上边,正如陈成所说:

> 以下的内容(案:指《海经》部分)与前面的《五臧山经》相比,无论在内容上还是行文上都有很大差异。前面内容多写实,所记载的山水、动植物、矿物等虽有不少不能知其详,但也有相当一部分是我们现在仍有或从其他文献中可以找到线索的。……记录的对象也由山水变为一个个我们闻所未闻的国度,其中夹杂了不少神话故事。③

也就是说在《山经》中内容虽荒诞不经,这应当是司马迁所说的"怪物"

---

① (汉)王充著,黄晖校释:《论衡校释》,北京:中华书局,1990年,第476页。
② (汉)班固:《汉书》,北京:中华书局,2005年,第2047页。
③ 陈成:《山海经译注》,上海:上海古籍出版社,2008年,第242页。

部分,而后文的《海经》和《荒经》则不包括其中。更者,今本《山经》中详叙山川地貌,也与司马迁所说的"《尚书》近之矣"的"九州山川"相合,因此《史记》中出现的《山海经》至多就是今天的《山经》部分。这也符合郭璞注所云"此《海内经》及《大荒经》本皆逸在外"。①

要之,司马迁《史记》原书是作《山经》,并非《山海经》,也就是说,司马迁所见《山海经》并非今本《山海经》,《山海经》之名应该是刘向父子将《山经》《海经》合并为一书时所定之名。

二、《山海经》篇目问题小引

今本《山海经》分为四个部分,计十八篇:《山经》(又称《五藏山经》)五篇、《海外四经》四篇、《海内五经》五篇(含《海内经》)、《大荒四经》四篇。但历史上对于《山海经》篇目的记载却有较大出入,表 2-1 为主要典籍所记《山海经》篇目、类别。

表 2-1　主要典籍所记《山海经》篇目、类别

典籍	篇数	篇目	类别
刘歆《上山海经表》	所校凡三十二篇,今定为一十八篇	《五藏山经》五篇、《海外经》四篇、《海内经》四篇、《大荒经》五篇	数术
《汉书·艺文志》	十三篇	《五藏山经》五篇、《海外经》四篇、《海内经》四篇	数术略 形法
《隋书·经籍志》	二十三卷	刘歆自定的十八篇(卷)、郭璞注《山海经》时所收进去的'逸在外'的《荒经》以下五篇(卷)(袁珂)	地理类
《旧唐书·经籍志》	十八卷	《五藏山经》五篇、《海外经》四篇、《海内经》四篇、《大荒经》五篇	地理类

---

① 袁珂:《山海经校注》,上海:上海古籍出版社,1980 年,第 337 页。

续　表

典籍	篇数	篇目	类别
《新唐书·经籍志》	二十三卷	刘歆自定的十八篇（卷）、郭璞注《山海经》时所收进去的'逸在外'的《荒经》以下五篇（卷）（袁珂）	地理类
《宋史·艺文志》	十八卷	《五藏山经》五篇、《海外经》四篇、《海内经》四篇、《大荒经》五篇	五行类
《四库全书总目》	十八卷	《五藏山经》五篇、《海外经》四篇、《海内经》四篇、《大荒经》五篇	小说家类

如表 2-1 所示，《山海经》除了分属类别的差异之外，历代书目对《山海经》存录也有较多争议。总的来说，主要有"十八篇"和"十三篇"的差别；"三十二篇"和"三十四篇"的分歧。

首先我们来看"十八篇"的问题。最早编定《山海经》篇目者应当是一个叫"望"的太常属臣，然后再由刘向"条其篇目，撮其指意，录而奏之"。[1] 刘向之子刘歆在《上〈山海经〉表》中云："所校《山海经》凡三十二篇，今定为一十八篇，已定。"[2] 而随后的东汉班固在《汉书·艺文志》中，列《山海经》于数术略之形法类，而其著录的篇目却是"十三篇"。至此，《山海经》卷目的纷争随即而起。

宋代王应麟《玉海·地理书》中引郭璞序曰："刘歆所定书，其南西北东及中山号五藏经为五篇，其文最多；海内海外大荒三经，南西北东各一篇，并海内经一篇，总十八篇；多者十余简，少者二三简，遂为定本。"[3] 清代学者毕沅是系统考证《山海经》篇目的第一人，其《山海经古今本篇目考》是有关《山海经》篇目考证的一篇力作，文章认为：

---

[1] （汉）班固：《汉书》，北京：中华书局，2005 年，第 1701 页。
[2] （清）郝懿行：《山海经笺疏》，济南：齐鲁书社，2010 年，第 5140 页。
[3] （宋）王应麟：《玉海》，南京：江苏古籍出版社，1987 年，第 278 页。

向合《南山经》三篇以为《南山经》一篇,《西山经》四篇以为《西山经》一篇,《北山经》三篇以为《北山经》一篇,《东山经》四篇以为《东山经》一篇,《中山经》十二篇以为《中山经》一篇;并《海外经》四篇、《海内经》四篇,凡十三篇。班固作《艺文志》取于《七略》,而无《大荒经》以下五篇也。藏本目录云此《海内经》及《大荒经》,本皆逸在外……当是秀所增也……刘秀又释而增其文,是大荒经以下五篇也。①

毕沅认为,刘歆是在其父刘向整理《山海经》十三篇的基础上,又加上"逸在外"的《大荒经》五篇,就成了十八篇。即《山经》五篇,包括《南山经》《西山经》《北山经》《东山经》《中山经》;《海外经》四篇,包括《海外南经》《海外西经》《海外北经》《海外东经》;《海内经》四篇,包括《海内南经》《海内西经》《海内北经》《海内东经》。除了这十三篇之外,再加《大荒经》以下五篇,包括《大荒东经》《大荒南经》《大荒西经》《大荒北经》和《海内经》,现行十八卷本即是如上构成。至于"十八卷"和"十八篇"的区别,毕氏认为两者并无二致,"十八卷"即为"十八篇"。②

清代另一位学者郝懿行著《山海经笺疏》,是《山海经》研究史上的又一力作。郝氏对篇目也作了认真的研究,他说:"所谓十八篇者,《南山经》至《中山经》本二十六篇,合为《五臧山经》五篇,加《海外经》已下八篇,及《大荒经》已下五篇,为十八篇也。所谓十三篇者,去《荒经》已下五篇,正得十三篇也。"③也就是说郝氏对《山海经》篇次的认识基本认可毕沅的观点:"十三篇"应包括《山经》五篇、《海外经》四篇、《海内经》四篇;"十八篇"是在十三篇的基础上加《荒经》以下五篇。毕、郝俱为清代朴学大师,上述论证翔实而不穿凿附会。

---

① (清)毕沅:《山海经新校正》,见《诸子百家丛书》,上海:上海古籍出版社,1989年,第7—8页。
② (清)毕沅:《山海经新校正》,见《诸子百家丛书》,上海:上海古籍出版社,1989年,第1335页。
③ (清)郝懿行:《山海经笺疏》,济南:齐鲁书社,2010年,第4667页。

因此，可以说毕沅、郝懿行的论证具有科学性，即刘向所定的"十三篇"包括现行本中《山经》五篇、《海内经》四篇和《海外经》四篇。所谓"十八篇"也就是在十三篇的基础上加上《大荒经》以下五篇，即为今传十八卷本。而《大荒经》以下五篇，是未经整理的散乱篇章，保存神话资料最为丰富，而在正统学者班固看来，其内容却是过于荒怪不经，其校《山海经》时就没有把这部分收入进去，故为"十三篇"。后人未察其本末，从而引起公婆之说。

至于《山海经》"三十二篇"的纷争，毕沅认为："刘秀表中曰凡三十二篇，今合五藏山经及海外、海内经共三十四篇，二当为四字之误也。"①遗憾的是毕氏并未给出刘向错误的原因。同样，郝氏也只给出了这样的结果，也未说明原因："今考《南山经》三篇，《西山经》四篇，《北山经》三篇，《东山经》四篇，《中山经》十二篇，并《海外经》四篇，《海内经》四篇，除《大荒经》已下不数，已得三十四篇，则与古经三十二篇之目不符也。"②这个问题的最终解决是由当代学者袁珂先生完成的。

袁先生在毕氏的基础上更进一步，他在《山海经写作的时地及篇目考》中说："三十二篇中的'二'字，毕沅说是'四'字之误，我同意毕沅的说法。'四'籀文作'亖'，表示两个'二'相重。刘向刘歆（秀）父子好古，表文'四'或作'亖'，大有可能，重二漫漶其一，即成为二，故三十四篇乃成为今所见的三十二篇。"③袁珂先生打破常规的研究思路，另辟蹊径从文字学角度进行论证，是古籍研究方法的一种创新，颇具启发意义。

至此，关于《山海经》篇目的问题，袁先生作了很好的总结："《山海经》篇目古本为三十四篇；刘向《七略》以《五藏山经》五篇加《海外经》《海内经》八篇为十三篇，《汉志》因之；刘秀校书，乃分《五藏山经》为十篇而'定为十八篇'；郭璞注此书复于十八篇外收入'逸在外'的《荒经》以下五篇为二十三篇，即《隋志》所本；《旧唐书·经籍志》复将刘秀原本所分的《五藏山经》十篇

---

① （清）毕沅：《山海经新校正》，见《诸子百家丛书》，上海：上海古籍出版社，1989年，第1342页。
② （清）郝懿行：《山海经笺疏》，上海：上海古籍出版社，1985年，第4667页。
③ 袁珂：《神话论文集》，上海：上海古籍出版社，1982年，第22页。

合为五篇,加《海内外经》八篇、《荒经》以下五篇为十八篇,求符刘秀表文所定篇目,即今本。"①

第二节 《山海经》成书时间浅议

《山海经》分为《山经》和《海经》两大部分,《山经》即为《五臧山经》五篇,而《海经》则包括《海外经》《海内经》《大荒经》和末篇《海内经》,有人认为这两部分记载的时间并不是同步的,主要有以下几种观点:

一、《山海经》成书于战国初年至秦或魏晋时期。持这一观点的有陆侃如、小川琢治、袁行霈等先生。如陆侃如认为:"《山经》——战国时楚人作。《海内外经》——亚汉(淮南以后,刘歆以前)作。《大荒经》及《海内经》——东汉魏晋(刘歆以后,郭璞以前)作。"②这一观点和后人差别比较大的是关于《大荒经》和末篇《海内经》的时间,袁珂先生认为这两部分中没有秦汉的地名,因此足以证明这部分作品至少是作于秦以前。

二、认为《大荒经》和末篇《海内经》成书最早。这一类以蒙文通和袁珂先生为代表。蒙文通认为:《山海经》大致可以分为三个部分:(一)《大荒经》四篇和《海内经》一篇;(二)《五臧山经》五篇和《海外经》四篇;(三)《海内经》四篇;三个部分以《大荒经》四篇成书最早,《海内经》一篇稍晚,大约在战国初或中;《五臧山经》和《海外经》四篇稍迟,是战国中以后的;《海内经》四篇最迟,当成于汉代初年。③袁珂先生大体赞同蒙先生的说法:"以《大荒经》四篇和《海内经》一篇成书最早,大约在战国初年或中年;《五臧山经》和《海外经》四篇稍迟,是战国中年以后的作品;《海内经》四篇最迟,当成于汉代初年。"④袁先生这一说法基本成为定论。但科学总是在别人的基础上不断向

---

① 袁珂:《神话论文集》,上海:上海古籍出版社,1982年,第25页。
② 陆侃如:《论〈山海经〉的著作年代》,《新月》,第1卷,第5号。
③ 蒙文通:《巴蜀古史论述》,成都:四川人民出版社,2019年,第189—190页。
④ 袁珂:《神话论文集》,上海:上海古籍出版社,1982年,第2页。

前发展,这同样适用于袁先生的观点。袁先生指出《山经》成书于战国时期略显粗糙。一来,袁先生已经看出《山经》被后人篡改很多:"我们所见到的《五臧山经》,已有许多是后人的增益,不是成书时的本来面貌了。"二来,在论证过程中袁先生引用的两则材料不是很能说明问题:一则是有关铁的利用,另一则是有关中医发展的问题。① 这两则材料只能说明《山经》产生的上限,却无法精准说明产生的下限。因此,笼统地说《五臧山经》成书于何时并不可靠,袁先生未能就这一点进一步细化。

三、近来有研究者从微观语言的角度进一步对《山海经》诸部分成书时间细化:"首先可以肯定,《山海经》的几大板块不是相伴而生之作,主要原因是彼此的笔法相距甚远,即使经过了后人的统一整理,不同的个性仍十分鲜明。……综上,从语用角度出发,对《山海经》的成书年代似可作如下表述:'大荒经'、'海内经'和'海外'诸经大致成于战国;'山经'部分内容成于战国,大部分为秦汉人增补;'海内'诸经则为秦汉之作。"②

语言犹如化石,从微观的角度对文本作细致的语用分析在考定文本成书的时间上往往起到关键作用,这也是目前确定成书时间研究比较流行的科学手段。由此可知,《山海经》的成书确是非一时一地,此书成书时间从战国至两汉,依次为:《大荒经》、末篇《海内经》和《海外经》《山经》的一部分成书于战国时期,《山经》的一部分、《海内经》四篇秦汉人增补。

第三节 《山海经》在两汉的传播透析

"传播"的英文单词写作 eonunnieation,它的词根是 eonnnunis,在拉丁文中是表示"社团"的意思,言下之意是说传播要在人群、社区中进行。一般来说传播主要包括人际关系传播和组织传播。但要给传播科学下定义却不

---

① 袁珂:《神话论文集》,上海:上海古籍出版社,1982年,第12—13页。
② 王建军:《从存在句再论〈山海经〉的成书》,《南京师大学报》(社会科学版)2000年第2期。

是很容易的事,据统计目前学界有关"传播"的定义多达百余种,主要有互动说、劝服说、反映说、共享说等解释。如,美国学者C.霍夫兰的定义是"传播是某个人(传播者)传递刺激(通常是语言的)以影响另一个人(接受者)行为的过程"。又如G.格伯纳给传播下的定义为"通过讯息进行的社会的相互作用"。[①] 而《简明不列颠百科全书》给传播下的定义是"人们通过普通符号系统交换彼此的意图"。上述三个定义有着共同的关注点:"传播者＋讯息(传播内容)",即理解为在传播过程中传播者与传播内容的地位是非常关键的。与传播的定义一样,对于传播的过程也有多个版本的理解。拉斯韦尔为我们提供了一个被广泛引用的传播模式,他认为,要理解大众传播的过程,就需要理解他的模式中的各个阶段[②]:

谁?(Who);说了什么?(Says what);通过什么渠道?(In which channel);对谁?(To whom);达到什么效果?(With what effect?)

拉斯韦尔模式及其所对应的传播过程基本元素:

谁?传播者 → 说了什么?讯息 → 通过什么渠道?媒体 → 对谁?接受者 → 达到什么效果?效果

这一传播模式在大众传播中获得了广泛的应用,我们下面就以拉斯韦尔传播模式来说明两汉《山海经》的传播历程,以便历时地分析在传播《山海经》中各个要素之间的生态关系。

一、传播者分析

(一) 传播者类型

"传播者,又称信源,指的是传播行为的引发者,即以发出讯息的方式主

---

① 转引自邵培仁:《传播学》,北京:高等教育出版社,2004年,第29页。
② 5W模式由哈罗德·D.拉斯韦尔(Lasswell, Harlod D.)1948年于题为《传播在社会中的结构与功能》(The Structure and Function of Communication in Society)一文中提出。详见(美)约翰·费斯克(John Fiske):《传播研究导论:过程与符号》,许静译,北京:北京大学出版社,2008年,第25页。

动作用于他人的人。……在社会传播中,传播者既可以是个人,也可以是群体或组织。"①传播者是传播活动的第一个环节,是传播的主体,决定着传播内容的特点、性质及质量。传播者又是一个复杂多样的群体,"传播者的自我印象、传播者的人格结构、传播者的同僚群体、传播者的社会环境、传播者所处的组织、媒介内容的公共性所产生的约束力、受众的自发反馈所产生的约束力、来自讯息本身以及媒介性质的压力或约束力等"②,均会影响和制约传播者。就《山海经》在两汉的传播来说,传播者有帝王、文人、学者以及底层画工和民间普通大众。

第一类是帝王。汉代《山海经》的传播中至少有两个帝王直接参与了传播活动。一个是汉武帝。汉武帝对于《山海经》的了解应该是肇始于东方朔等人运用《山海经》对奇禽异兽的辨认。他还曾根据《山海经》神话中昆仑地区多玉的地理特征命名西部的昆仑山脉:"汉使穷河源,河源出于寘,其山多玉石,采来,天子(武帝)案古图书,名河所出山曰昆仑云。"③汉武帝用按图索骥的方式将神话的山名定为西域多产玉之山,"古图书"应该就是图文结合的《山海经》。此外,《史记·大宛列传》记载张骞出使西域之后回来向武帝报告曰:"安息长老传闻条枝有弱水、西王母,而未尝见。"④若不是汉武帝对于《山海经》中记载的西王母充满了好奇,他不会让张骞将西王母作为实有的人物进行一番实地考察。另一个对《山海经》的传播起过推动作用的帝王是汉明帝,治水专家王景被朝廷派去治理黄河,临行之前,汉明帝特意给王景一本《山海经》,当作治水时的资料书使用,同时也说明汉明帝对《山海经》的内容是熟悉而且认同的。孟子曰:"上有好者,下必有甚焉者。"这种居高临下式的传播方式的效率自是不用说的。刘歆就说:"朝士由是多奇《山海经》者,文学大儒皆读学,以为奇,可以考祯祥变怪之物,见远国异人之谣

---

① 巫称喜:《中国商代信息传播模式简论》,《现代传播》2008 年第 6 期。
② 郭广银:《伦理学原理》,江苏:南京大学出版社,1995 年,第 2 页。
③ (汉)司马迁:《史记》,北京:中华书局,2013 年,第 3813 页。
④ (汉)司马迁:《史记》,北京:中华书局,2013 年,第 3813 页。

俗。"①这里自有夸大其词之嫌疑,但也确能看出汉代朝野上下对《山海经》的关注度。

第二类是学者。可以细分为三种:① 历史学家;② 谶纬学者;③ 诸子学者。

① 历史学家主要是司马迁和班固,司马迁是《山海经》传播过程中值得一议的角色,首先,一般认为《山海经》之名最早就见于《史记·大宛列传》:

> 太史公曰:"《禹本纪》言'河出昆仑。昆仑其高二千五百余里,日月所相避隐为光明也。其上有醴泉、瑶池'。今自张骞使大夏之后也,穷河源,恶睹《本纪》所谓昆仑者乎? 故言九州山川,《尚书》近之矣。至《禹本纪》《山海经》所有怪物,余不敢言之也。"②

司马迁在此将《禹本纪》《山海经》和《尚书》中《禹贡》篇进行对比,指出《尚书·禹贡》篇是较为正确的地理记载,而《禹本纪》和《山海经》因其中大量的"怪物",大大削弱了两书在地理记载方面的准确性,故"不敢言之也"。对于这一点,在《五帝本纪》中,太史公进一步表明了自己的立场:

> 学者多称五帝,尚矣。然《尚书》独载尧以来,而百家言黄帝,其文不雅驯,荐绅先生难言之。③

由此我们可以推断,在"好学深思,心知其意"的司马迁眼里,《山海经》的意义和价值基于两点:一是地理学的,如若不然太史公不会拿《山海经》和《禹贡》进行比较,而《禹贡》是确认的早期的地理学著作。二是历史学的。因五帝的年代久远,司马迁撰写《五帝本纪》不得不运用"其文不雅驯"的"百

---

① 袁珂:《山海经校注》,上海:上海古籍出版社,1980年,第478页。
② (汉)司马迁:《史记》,北京:中华书局,2013年,第3830页。
③ (汉)司马迁:《史记》,北京:中华书局,2013年,第31页。

家"之言,《山海经》自然属于太史公所认为的"百家"之言之列,其云:

> 余尝西至空桐,北过涿鹿,东渐于海,南浮江淮矣,至长老皆各往往称黄帝、尧、舜之处,风教固殊焉,总之不离古文者近是。①

在《太史公自序》篇中同样交代了《史记》素材的来源包括"百家"之言:"厥协六经异传,整齐百家杂语"。此处的"杂语"就是指前文的"百家"之言,概指《山海经》《离骚赋》、贾谊文一类载籍,包括大量的诗赋作品、神话、小说、医经、天文、方技、术数等著作。诚如侯忠义先生认为:"而对《山海经》的态度,只不过是表示不取书中不可信之'怪物',并不是指其书的全部,《山海经》中的某些神话,就在《史记》中得到了印证。"②

因此,司马迁对《山海经》的态度是若即若离的,即只是取用"总之不离古文者近是"的部分来撰写关于五帝的传记。司马迁尽管部分引用和改造了《山海经》的内容,但太史公一贯秉持"疑则阙之"的理性主义谨严态度,对《山海经》中不可考证的一概予以摒弃,这无疑对《山海经》的传播是不利的。

东汉史学家班固与司马迁将信将疑地对待《山海经》的态度不同,他对《山海经》是持肯定的态度,班固在《山海经》传播过程中的首要功绩是将《山海经》收入《艺文志》中,并将其列入"方技"类。班固云:"形法者,大举九州之势以立城郭室舍形,人及六畜骨法之度数、器物之形容以求其声气贵贱吉凶。"③所谓"大举九州之势",就是指根据地理形势来建造城市和房屋,说明"形法家"具有地理学的属性。这是正史首次对于《山海经》性质的确认,其作用不言自明,后世的《隋书·经籍志》《旧唐书·经籍志》《新唐书·艺文志》及王尧臣《崇文总目》皆将其列入史部地理类书。

---

① (汉)司马迁:《史记》,北京:中华书局,2013年,第54页。
② 侯忠义:《〈史记〉与神话传说——〈史记〉与文学研究之一》,《北京大学学报》(哲学社会科学版),1993年第5期。
③ (汉)班固:《汉书》,北京:中华书局,2005年,第1395页。

② 谶纬学者。"谶",《说文·言部》:"谶,验也。有征验之书,河洛所出书曰谶。"①《释名·释典艺》:"谶,织也,其义织微而有效验也。"②因此,谶的最主要特征是事前有预兆、事后有应验。"纬"是针对经而言,依附于经义而产生的,多杂有谶语、天人感应及各种方术迷信思想。谶纬之风在汉代尤炽,在谶纬思潮的影响下产生了多部深受《山海经》影响的地理小说,如《河图括地象》《河图玉版》《洛书》《遁甲开山图》等。这主要是因为《山海经》中预兆式的表达在形式上很切合谶纬书表达的需要,但《山海经》中预兆式表达原本是先民"在无知和恐惧、忧患之余,他们便努力回忆每次灾害到来前后,都见过哪些奇禽怪兽,以此来确定这些奇禽怪兽与灾害间对应的征兆关系,企图摆脱由于蒙昧而产生的困惑和焦灼"③。而到了谶纬学者那里性质发生了变化。学者巫鸿指出,《山海经》是一部征兆图像汇编,在汉代有帮助人们识别奇异现象,进而理解其含义的重要作用。④

遗憾的是,这些谶纬地理小说大多只剩下断简残编,我们只能从这些残存的谶纬图书中管窥谶纬学者对于《山海经》的接受与传播。《山海经》是谶纬书创作的题材来源之一,这些谶纬书在形式和内容上都刻意模仿《山海经》,涉言山川物产远国异民,而且又贯穿着符命五行思想和神仙方术。谶纬书在汉代以阐释经学为主要传播方式,进而在东汉成为儒生需要研习的重要内容。可以想见的是,在此过程中《山海经》同样得以"捆绑"的方式在汉代得到进一步的传播。

③ 诸子学者主要以淮南王刘安为代表,以及给《淮南子》作注的许慎、高诱等人。刘安及其门客所作的《淮南子》多处引用《山海经》的原文,甚至是照单全收《山海经》中的地理模型和宇宙观念。其中《地形》《本经》《齐俗》《氾论》《人间》《修务》《时则》等篇所记内容有大量与《山海经》相同。《山海

---

① (清)段玉裁:《说文解字注》,河南:中州古籍出版社,2006年,第90页。
② (清)毕沅:《释名疏证(卷六)》,北京:商务印书馆,1936年,第191页。
③ 宁稼雨:《〈山海经〉与中国奇幻思维》,《南开学报》1994年第3期。
④ (美)巫鸿:《武梁祠——中国古代画像艺术的思想性》,北京:生活·读书·新知三联书店,2006年。

经》依附于《淮南子》得到了广泛的传播。

东汉之时,首先对《淮南子》进行较为系统研究的是文字学大家许慎。许氏作《淮南子注》,可惜原书已不存,唯书名见于《隋书·经籍志》《旧唐书·经籍志》和《宋史·艺文志》。紧随其后的是东汉著名古文经学家马融。范晔《后汉书·马融传》记载马融注过《淮南子》。遗憾的是其书亦已亡佚。马融的高足卢植也曾注过《淮南子》。卢注《淮南子》之文,可考者四条,均见于高诱注之中。其中影响最大的当属卢植的学生高诱。高诱继承前代诸家研究成果,撰有《淮南子注》,流传至今,影响至深。东汉一代,继许慎首开《淮南子》研究之后,数位饱学之士不断开拓,从而使《淮南子》研究蔚然成风。因其影响范围很广,本就依附于《淮南子》的《山海经》应也获得了更加开阔的传播渠道,其中最重要的便是神话的传播。如,女娲之名,首见于《山海经·大荒西经》:"有神十人,名曰女娲之肠,化为神,处栗广之野,横道而处。"郭璞注云:"女娲,古神女而帝者,人面蛇身,一日中七十变,其腹化为此神。"《淮南子·说林》篇进一步描述为:"黄帝生阴阳,上骈生耳目,桑林生臂手,此女娲所以七十化也。"①尽管司马迁等主流学者认定《山海经》其文不雅驯,但这一观点并未过多影响到人们对于《山海经》的好奇与接受,就连司马迁本人对于《山海经》亦有多角度的接受,我们将在下文进一步展开论证。

第三类是文学家,这一类是以司马相如、扬雄和张衡为代表。谢榛《四溟诗话》中曾指出《山海经》等著作对于汉赋作家的作用。因汉赋大都是以奏折形式上传至皇帝,作为最高统治者的传播者,就使汉赋的传播呈由上往下的态势,其传播速度和效率都是比较高的。例如司马相如的《子虚赋》《上林赋》的传播过程是这样的:

> (相如)客游梁。梁孝王令与诸生同舍,相如得与诸生游士居数岁,乃著《子虚》之赋……上读《子虚赋》而善之……乃召问相如。相如曰:"有是。然此乃诸侯之事,未足观也。请为天子游猎赋,赋

---

① 何宁:《淮南子集释》,北京:中华书局,1998年,第1168页。

成奏之。"上许,令尚书给笔札……奏之天子,天子大说。①

司马相如的赋作使"天子大说",这种范式作用是非常明显的,在利益的驱使下,汉赋创作蔚然成风。仅就畋猎题材来看,继司马相如《子虚》《上林》赋之后,西汉扬雄有《羽猎》《长杨》赋,东汉张衡、王粲都有《羽猎赋》,阵容甚为壮观。

文学家传播《山海经》主要是有关昆仑神话中的西王母,还涉及《山海经》中的名物、神兽。较早描摹西王母的司马相如的《大人赋》曰:"吾乃今日睹西王母,暠然白首戴胜而穴处兮。"再如扬雄在《甘泉赋》中这样描写西王母:"风似似而扶辖兮,鸾凤纷其御蕤,梁弱水之濎溁兮,蹠不周之逶蛇,想西王母欣然而上寿兮,屏玉女而却虙妃。玉女无所眺其清卢兮,虙妃曾不得施其蛾眉。"这里的西王母已然更加符合人们对于"女仙"的期待:不仅掌握了长寿之道,而且又有虙妃般的容貌。汉末张衡在《思玄赋》中同样以诗人浪漫的气质描摹西王母:"聘王母于银台兮,羞玉芝以疗饥。戴胜憖其既欢兮,又诮余之行迟。"汉代文人对西王母的喜爱和向往之情溢于言表。同样,在其《应间》篇曰:"夫女魃北而应龙翔,洪鼎声而军容息。"李贤注:"女魃,旱神也。"这个故事本身也出自《山海经》:"蚩尤作兵伐黄帝,黄帝乃令应龙攻之冀州之野。……黄帝乃下天女曰妭,雨止,遂杀蚩尤。"

文学家对《山海经》的接受还表现在对《山海经》奇幻思维的模仿。奇幻思维可分为前期和后期,"前期是指原始生民不自觉的思维,后期是指文明社会以后人们自觉的奇幻思维"②。《山海经》中的奇幻思维属于前期,"具体来说,它是人类具体思维达到高潮而即将结束,抽象思维正在酝酿而即将产生时期的产物"。而汉赋中奇幻思维则是后人对这种思维的模仿,如司马相如的《天子游猎赋》:

---

① (汉)司马迁:《史记》,北京:中华书局,2013年,第3616页。
② 宁稼雨:《〈山海经〉与中国奇幻思维》,《南开学报》1994年第3期。

其南则隆冬生长,涌水跃波,其兽则庸旄貘犛,沈牛麈麋,赤首圜题,穷奇象犀。其北则盛夏含冻裂地,涉冰揭河;其兽则麒麟角端,騊駼橐驼,蛩蛩驒騱,駃騠驴骡。①

这段铺陈叙述,直接沿用了《山海经》中独有的怪兽"穷奇""騊駼""蛩蛩"等,其目的就是刻意追寻新奇的效果。这一表现手法在《山海经》中信手拈来:"北海内有兽,其状如马,名曰騊駼。有兽焉,其名曰驳,状如白马,锯牙,食虎豹。有素兽焉,状如马,名曰蛩蛩。""有兽焉,其状如豚,有距,其音如狗吠,其名曰狸力,见则其县多土功。"需要指出的是,《山海经》中的这种奇幻思维是"无不与他们的生存及其意志相关"的,而汉赋中的追新逐异更多的是表现对《山海经》《楚辞》等楚文化的崇尚与继承,两者是形同而神不同。此外,作者在这里将奇禽异兽集中铺陈描写,还造成读者视觉上应接不暇的效果。这是汉赋在继承《山海经》铺陈表达方式的基础上又一别具创造性的表达。

第四类是民间传播者。这里的民间传播者是指汉代民间的画师,画像石图案的最初创作者。这些画师所画的内容在题材内容上出现了大量神话、祥瑞内容作品,其目的主要是借助仙禽神兽的形象,或者用来寓意着生命的永生与再生的愿望,或者用来起到威慑亡灵的作用。这一做法在当时南方地区是比较普遍的行为,《后汉书·南蛮西南夷列传》云:"肃宗初,辅坐事免。是时郡尉府舍皆有雕饰,画山神海灵奇禽异兽,以眩耀之,夷人益畏惮焉。"②画师们创作的神祇形象并不都是凭空想象,大都以神话传说中的神祇形象为依据,《山海经》中大量的神兽异物理应是这些画师们理想的创作范本,《山海图》更是给画师提供了按图索骥之便。遗憾的是汉代的画师大都湮灭在历史长河中,无从考证他们的知识状况。但从一些零星散存的汉画像石的构图基本可以断定就是直接来自《山海经》。例如西王母是汉画像石中常见的人物,而辨认是否为西王母的主要标志就是她的发型上戴的

---

① (汉)班固:《汉书》,北京:中华书局,2005年,第1943页。
② (南朝宋)范晔:《后汉书》,北京:中华书局,2005年,第1930页。

"胜",这一形象的创造就是来自对《山海经》的运用:"蓬发、戴胜"。众所周知,汉代西王母的形象由半人半兽的神怪逐步地演化为一位端庄的贵妇人。在汉画像艺术中我们同样可以找到半人半兽的"原始的"西王母。1958年山东滕州市桑村镇西户口村出土的东汉中期西王母与侍从画像(图2-1),刻意地凸显出西王母原始风貌:

图 2-1　山东滕州桑村西户口村出土西王母画像

图2-1中的西王母形象的创作者文化水平印证了我们之前的讨论:应该是个文化层次不高的工匠。原因在于将西王母的"西"误刻成"田","母"字刻得也毫无美感可言。但这幅画却忠实地再现了西王母在《山海经》中的外貌特征:清晰可见狰狞的虎齿,嘴唇上方还增加了虎须,更加凸显其半人半兽的特征,长长的尾巴盘在身下。毫无疑问,这表明汉代的画工在创作图像过程中确是以《山海经》为参照系的。

(二) 传播者特征

两汉时期的《山海经》基本呈现两条传播路线:一条是在王公贵族和学者、文人中进行;另一条是民间画工艺人的传播。无论是居于上层的文人,还是下层的画工,都是集接受者和传播者于一身。简单来说,只有当传播者接受了《山海经》的内容,对《山海经》的知识体系有全面的认同和准确的把握时,才能够将其知识以新的审美内容、特定的方式传播。例如,西王母本是昆仑山主管不死神药的半人半兽的女神,汉代文人在继承她掌管不死神药的同时,又融入自身的审美期待和创作意图,进行加工改编,逐渐将其改造成一个美艳的女神,还改变了女神身边的附属物,甚至为其创造出东王公这一伴侣。再比如,黄帝在《山海经》中也是一个半人半兽的始祖神。汉代的学者在承认其神性的同时,又根据汉代政治的需要,将黄帝塑造为南面垂手而治的圣君。

大众传播学认为:"由于兴趣、信念、原有的知识、态度、需要和价值观等等这些认识上因素的差异,具有不同认识结构的人们实际上对任何复杂的刺激都会产生不同的认识即赋予意义。"①也就是说,由于接受者的主观条件不同而形成了自己独特的期待视野,接受者在对所接受的审美客体作出自我判断的基础上形成自己的审美标准,接受者以自己的审美标准创造出新的审美客体,并进一步将新的审美客体传播开去。因此,在这一文化传播、接受与生产的过程中,传播者就是接受者,两者具有二位一体的特征。

二、传播的内容和历程

因《山海经》之名首次见于司马迁的《史记·大宛列传》,所以我们以司马迁为界,将其传播过程分为前后两个时期。在前期(西汉初—太史公)因其资料的残缺,大体只能依据碎片化的材料来推断传播的影响和规模。根据前文的分析,在西汉初期流传的《山海经》并非我们现在所看到的足本《山海经》,而是《山经》和《海外经》的一部分。

最早收集和推荐《山海经》的是汉初的萧何。《隋书·经籍志》史部地理类序云:"汉初,萧何得秦图书,故知天下要害。后又得《山海经》,相传以为夏禹所记。"②从"故知天下要害"的功能来判断,萧何是把《山海经》当作类似于《尚书·禹贡》一类的地理书。萧何的图书整理和保护为景、武之际的文人得读《山海经》创造了物质条件。

汉代初期的《山海经》传播首先是在文学作品中进行的,这大概是因为

---

① (美)梅尔文·德弗勒、桑德拉·鲍尔-洛基奇:《大众传播学绪论》,杜力平译,北京:新华出版社,1990年。

② (唐)长孙无忌等:《隋书·经籍志》,北京:中华书局,1985年,第59页。

《山海经》中记载的不死神药,更加符合文人抒发对于生命永恒的追求,因此汉初的文人对《山海经》的传播基本围绕这个主题。如汉初贾谊的赋作《惜誓》篇"休息乎昆仑之墟""涉丹水而驰骋兮"句中,可以判断出在汉初人们已经把昆仑作为向往之地,而昆仑神话最早就出现在《山海经》中。如果说贾谊的文章我们还只能是推断它受到《山海经》的影响,那么稍后的司马相如的《大人赋》则确凿无疑地引用《山海经》中的语句:

> 低徊阴山翔以纡曲兮,吾乃今日睹西王母。皬然白首戴胜而穴处兮,亦幸有三足乌为之使。必长生若此而不死兮,虽济万世不足以喜。①

这里写到了西王母最主要的外形特征:"戴胜",以及西王母的附属物——三足乌。这分明是来自《山海经·海内北经》中的记载:"西王母梯几而戴胜杖。其南有三青鸟,为西王母取食。"除此之外,司马相如的《子虚》《上林》还取用《山海经》中的名物,则如驹騊、蛩蛩,并出《海外北经》。可以看出人们对于《山海经》的接受不只是有不死药的昆仑山了,兴趣点也扩大到《山海经》中大量的奇禽怪兽,而征引这些怪兽体现了汉赋尚奇的特点。

到汉武帝时,东击高丽,南征百越,北伐匈奴,开通西域,国力强大,疆域广袤,汉朝人的眼光早已超越原本六国的范围。与此同时,汉代初期的文人愈加迫切地想了解更广阔世界的地理知识以及对于外部世界的总体把握——博学受到汉代文人的热烈追捧。《山海经》多记载方外之国、奇禽异兽,恰好符合当时人们的实际需要,因此《山海经》很快受到广泛的关注,首先是其地理知识的运用,其次是《山海经》中的名物。

首先,从地理知识来看。武帝时期随着对西域的开拓,汉代人是将《山海经》当作地理书来传播的,《史记·大宛列传》记载张骞出使西域之后回来

---

① (汉)班固:《汉书》,北京:中华书局,2005年,第1972页。

向武帝报告曰:"安息长老传闻条枝有弱水、西王母,而未尝见。"①显然是将《山海经》中的西王母作为实有的人物进行过一番实地考察。这种观念一直延续到东汉时期:"(和帝永元)九年,班超遣掾甘英穷临西海而还。皆前世所不至,《山经》所未详,莫不备其风土,传其珍怪焉。"②想必是甘英在出使过程中是以《山海经》作为行进的依据的,只是当时人认为已经超出了《山海经》的范围。汉人对《山海经》的地理学的界定在《汉书·艺文志》中亦可见端倪。《汉书·艺文志》将《山海经》列于数术略形法之首。班固云:"形法者,大举九州之势以立城郭室舍形,人及六畜骨法之度数、器物之形容以求其声气贵贱吉凶。"③所谓"大举九州之势",就是指根据自然界的地理形状来建造房屋和规划城市,无疑"形法"具有地理学的内涵。

其次,从《山海经》名物的角度来看。前文已提到汉代著名赋家司马相如的赋作中征引《山海经》名物的做法。不仅如此,武帝时期至少还有两个大学者读过《山海经》并征引了其中的名物。一个是在当时以博学而著称的东方朔。刘歆《上山海经表》:"孝武皇帝时尝有献异鸟者,食之百物,所不肯食。东方朔见之,言其鸟名,又言其所当食,如朔言。问朔何以知之,即《山海经》所出也。"郭璞《山海经序》进一步交代:"东方生晓毕方之名。"毕方鸟最早见于《山海经》的《西次三经》和《海外南经》。最擅于"疾虚妄"的王充在《论衡·别通》中倒是非常肯定《山海经》有助博闻。只是将主角换成了董仲舒:"禹、益并治洪水,禹主治水,益主记异物,海外山表,无远不至,以所闻见,作《山海经》。非禹、益不能行远,《山海》不造。然则《山海》之造,见物博也。董仲舒睹重常之鸟,刘子政晓貣负之尸,皆见《山海经》,故能立二事之说。使禹、益行地不远,不能作《山海经》;董、刘不读《山海经》,不能定二疑。"④此处所说识异鸟之事,应为东方朔。从刘歆角度看,他所说的内容是写给皇帝的奏折,不该言辞不准确,再说刘歆距东方朔的时间较之王充要近百年,应当刘

---

① (汉)司马迁:《史记》,北京:中华书局,2013年,第3813页。
② (南朝宋)范晔:《后汉书》,北京:中华书局,2003年,第1968页。
③ (汉)班固:《汉书》,北京:中华书局,2005年,第1395页。
④ (汉)王充著,黄晖校释:《论衡校释》,北京:中华书局,1990年,第597—598页。

歆的更为准确。再从东方朔的角度看,东方朔本就以博学著称,西晋文学家夏侯湛在《汉太中大夫东方先生画赞并序》中说他"瑰玮博达,思周变通"。在《史记》中还记载过东方朔曾经辨认另外一件异物的经历:

> 建章官后阁重栎中有物出焉,其状似麋。以闻,武帝往临视之。问左右群臣习事通经术者,莫能知。诏东方朔视之。朔曰:"臣知之,愿赐美酒粱饭大飧臣,臣乃言。"诏曰:"可。"已又曰:"某所有公田鱼池蒲苇数顷,陛下以赐臣,臣朔乃言。"诏曰:"可。"于是朔乃肯言,曰:"所谓驺牙者也。远方当来归义,而驺牙先见。其齿前后若一,齐等无牙,故谓之驺牙。"其后一岁所,匈奴混邪王果将十万众来降汉。乃复赐东方生钱财甚多。①

《史记》素来以严谨而著称,司马迁和东方朔基本算是同时代的人,其真实性应当是毋庸置疑的,从中可看出东方朔渊博的学识。刘歆说东方朔曾经辨认出《山海经》记载的毕方鸟,也应当是给当时人留下了深刻印象,这才能使后世学者追记其事。这些都可以看出人们已认识到《山海经》记载有丰富的远国异人、神物怪兽等名物,而运用这些知识就可以在当时产生轰动性效果,可想而知这种效果对于《山海经》的传播来说,发挥着多么巨大的作用。

另一个运用《山海经》进行名物辨识的是汉代大学者刘向。刘氏对《山海经》的内容应当了然于胸。据刘歆(秀)《上〈山海经〉表》称其父向曾利用《山海经》解释上郡石室"反缚盗械人":"孝宣帝时,击磻石于上郡,陷得石室,其中有反缚盗械人。时臣秀父向为谏议大夫,言'此贰负之臣也'。"一来这是刘歆写给皇帝看的表,二来刘歆评说自己父亲,加之汉代人以"孝"为先,故刘歆不会无中生有地捏造,因此,这个记载也是比较可信的。

在汉代《山海经》的传播过程中,刘安的《淮南子》无疑是非常重要的一环。刘安与宾客苏非、伍被、李尚等人编撰的《淮南子》,书中《地形》《本经》

---

① (汉)司马迁:《史记》,北京:中华书局,2013年,第3868页。

《齐俗》等篇所记内容有大量与《山海经》类似。《淮南子》当成书于武帝初年,《汉书·淮南王传》载:"初,安入朝,献所作《内篇》,新出,上爱秘之。"又云:"招致宾客方术之士数千人,作为《内书》二十一篇,《外书》甚众,又有《中篇》八卷,言神仙黄白之术。""初",指的是汉武帝建元二年。《淮南子》产生的时代汉代大一统格局尚未建立,反映在学术上也表现出更多的自由之风,刘安等人思想也比较庞杂,因此《淮南子》一书无形中保存了大量儒家正统以外的材料。明刘绩《淮南鸿烈解题识》曾总结《淮南子》的征引状况:"《淮南》一书乃全取《文子》而分析其言,襍以《吕氏春秋》《庄》《列》《邓析》《慎子》《山海经》《尔雅》诸书,及当时所召宾客之言,故其文驳乱,序事自相舛错。"①可见刘安等人编撰此书时一定对《山海经》作了较深入的研究。

《淮南子》作为中国古代文献中保存神话资料较多的著作之一,它对《山海经》的接受方式与司马迁理论批判不同。比如《淮南子》一书中的神人、异兽大多依《山海经》而来,甚至《淮南子》中记载的神话也都可以在《山海经》中找到模型,除此而外,《淮南子》中宇宙模型、地理观念也是直接来之于《山海经》。前文所论及的许慎、马融、卢植、高诱等先贤在《淮南子》诸多方面的研究,对《淮南子》的传播起到了重要的推动作用,从而使《淮南子》大行于世。

《淮南子》以其博大的体系和丰厚的内容在社会上产生巨大的影响,"是以先贤通儒述作之士,莫不援采以验经传"②。遗憾的是现存仅有高诱注。在《地形训》注中有两处明确提到《山海经》,一处是注中解释夸父时说:"夸父,神兽也。饮河、渭不足,将饮西海,未至,道渴死。见《山海经》。"③另一处是注黑齿国,云:"其人黑齿,食稻,啖蛇,在汤谷上。玄股民,其股黑,两鸟夹之,见《山海经》也。"④《海外东经》云:"玄股之国在其北,其为人衣鱼食鸥,使两鸟夹之。"高诱所说即是本于此篇。此外,随着《淮南子》的大行天下,与之关系密切的《山海经》必定得到进一步的传播,从汉赋所涉《山海经》内容也

---

① 何宁:《淮南子集释》,北京:中华书局,1998年,第1501页。
② 何宁:《淮南子集释》,北京:中华书局,1998年,第6页。
③ (汉)刘安著,高诱注:《淮南子》,上海:上海古籍出版社,1985年,第45页。
④ (汉)刘安著,高诱注:《淮南子》,上海:上海古籍出版社,1985年,第45页。

能看出这一点,武帝之后汉赋所涉及《山海经》的比例要大大高于汉代初期。

如前所述,司马迁在《山海经》的传播过程中也是位重要的人物,因为《山海经》之名最早见于司马迁《史记·大宛列传》:

> 太史公曰:"《禹本纪》言'河出昆仑。昆仑其高二千五百余里,日月所相避隐为光明也。其上有醴泉、瑶池'。今自张骞使大夏之后也,穷河源,恶睹《本纪》所谓昆仑者乎?故言九州山川,《尚书》近之矣。至《禹本纪》《山海经》所有怪物,余不敢言之也。"[①]

这则引文中,司马迁是将《禹本纪》《山海经》和《尚书》中《禹贡》篇进行对比,指出《尚书·禹贡》篇是较为正确的地理记载,而《禹本纪》和《山海经》因其中大量的"怪物",大大削弱了两书在地理记载方面的准确性,故"不敢言之也"。对于这一点,在《五帝本纪》中,太史公进一步表明了自己的立场:

> 学者多称五帝,尚矣。然《尚书》独载尧以来;而百家言黄帝,其文不雅驯,荐绅先生难言之。[②]

在"好学深思,心知其意"的理性主义学者司马迁眼里,《山海经》的意义和价值基于两点:一是地理学的。尽管太史公表示《山海经》书中"荒诞无稽"的事物不敢录入历史,但太史公又有尚"奇"的特点,对异闻奇事充满了兴趣。故太史公对于《山海经》中的地理方位并非一概否定,如若不然太史公不会拿《山海经》和《禹贡》进行比较,而《禹贡》是确认的早期的地理学著作。在表2-2中也可以看到许多例证,《史记》中《五帝本纪》大量地名就是来自《山海经》。二是历史学的。因五帝的年代久远,因此司马迁撰写《五帝本纪》不得不运用"百家"之言,《山海经》自然属于太史公所认为的"百家"之言。司马迁

---

① (汉)司马迁:《史记》,北京:中华书局,2013年,第3830页。
② (汉)司马迁:《史记》,北京:中华书局,2013年,第54页。

对其采取"总之不离古文者近是"的态度采集关于五帝的史料,其云:

> 余尝西至空桐,北过涿鹿,东渐于海,南浮江淮矣。至长老皆各往往称黄帝、尧、舜之处,风教固殊焉,总之不离古文者近是。①

《索隐》曰:"古文即《帝德》《帝系》二书也。近是圣人之说。"《太史公自序》篇也体现了采用"百家"之言的写作理念,太史公评说自己创作《史记》的宗旨是"厥协六经异传,整齐百家杂语"。所谓"整齐",自然是取舍整合之意。而"杂语"概指"诗赋、兵书、术数、方技各类典籍"。②也就是说太史公对《山海经》一类杂语并非一概摒弃,而是有所用的。诚如侯忠义所说:"而对《山海经》的态度,只不过是表示不取书中不可信之'怪物',并不是指其书的全部,《山海经》中的某些神话,就在《史记》中得到了印证。"③但是,即便是神话,《史记》中的神话也一改《山海经》中的形态,表现在:

(1)受时代风气的影响,《史记》中只有始祖的感生神话和政治神话,而并没有诸如自然神话或英雄神话。

(2)即便是始祖神话,因经太史公的改造,呈现出历史化的倾向。如,《山海经》中有关黄帝的神话传说较为丰富,太史公大都弃而不用,而是为我们勾画出一位可亲可敬的伟大的远古先祖的形象。

尽管部分引用和改造了《山海经》神话,但太史公秉持一贯的"疑则阙之"的严肃、认真的理性主义态度,对《山海经》中不可考证的内容一概予以摒弃。这一做法的影响力无疑是巨大的,比如稍后的王充在《论衡·谈天篇》也认为:"案太史公之言,《山经》《禹纪》,虚妄之言。"显而易见,这对于传播《山海经》是不利的,《山海经》在西汉前、中时期基本没引起太多的重视,仅有零星学者有所提及。

---

① (汉)司马迁:《史记》,北京:中华书局,2013年,第54页。
② 陈桐生:《论〈史记〉"整齐百家杂语"》,《文史哲》2004年第3期。
③ 侯忠义:《〈史记〉与神话传说》,《北京大学学报》(哲学社会科学版)1993年第5期。

表 2-2 《史记》所用《山海经》内容

《史记》	《山海经》	类别
《五帝本纪》：轩辕之时，神农氏世衰。诸侯相侵伐，暴虐百姓，而神农氏弗能征。于是轩辕乃习用干戈，以征不享，诸侯咸来宾从。而蚩尤最为暴，莫能伐。……蚩尤作乱，不用帝命。于是黄帝乃征师诸侯，与蚩尤战于涿鹿之野，遂禽杀蚩尤。	《大荒北经》：蚩尤作兵伐黄帝，黄帝乃令应龙攻之冀州之野。……蚩尤请风伯雨师，纵大风雨。黄帝乃下天女曰魃，雨止，遂杀蚩尤。	战争神话
《五帝本纪》：申命和叔，居北方，曰幽都。	《海内经》：北海之内，有山，名曰幽都之山，黑水出焉。	地名
《五帝本纪》：舜耕历山，渔雷泽。《正义》："《山海经》云雷泽有雷神，龙身人头，鼓其腹则雷也。"	《海内东经》：雷泽中有雷神，龙身而人头，鼓其腹。	神名
《五帝本纪》：(舜)践帝位三十九年，南巡狩，崩于苍梧之野。葬于江南九疑，是为零陵。	《海内经》：南方苍梧之丘，苍梧之渊，其中有九嶷山，舜之所葬，在长沙零陵界中。	地名
《礼书》：阻之以邓林，缘之以方城。	《海外北经》：夸父与日逐走，入日，渴欲得饮，饮于河渭，河渭不足，北饮大泽。未至，道渴而死。弃其杖，化为邓林。	地名
《匈奴列传》：夏道衰，而公刘失其稷官，变于西戎，邑于豳。其后三百有余岁，戎狄攻大王亶父，亶父亡走岐下，而豳人悉从亶父而邑焉，作周。其后百有余岁，周西伯昌伐畎夷氏。	《大荒北经》：黄帝生苗龙，苗龙生融吾，融吾生弄明，弄明生白犬，白犬有牝牡，是为犬戎，肉食。	神名
《大宛列传》：安息长老传闻条枝有弱水、西王母，而未尝见。	《大荒西经》：有人，戴胜，虎齿，有豹尾，穴处，名曰西王母。此山万物尽有。	地名、神名
《夏本纪》：道渭自鸟鼠同穴。《集解》："《山海经》云：'鸟鼠同穴之山，渭水出焉。'"	《海内东经》：渭水出鸟鼠同穴山，东注河，入华阴北。	地名
《夏本纪》：当帝尧之时，鸿水滔天。浩浩怀山襄陵，下民其忧。尧求能治水者，群臣四岳皆曰鲧可。……行视鲧之治水无状，乃殛鲧于羽山以死。天下皆以舜之诛为是。	《海内经》：洪水滔天。鲧窃帝之息壤以堙洪水，不待帝命。帝令祝融杀鲧于羽郊。鲧复生禹。帝乃命禹卒布土以定九州。	神名
《五帝本纪》：黄帝居轩辕之丘。	《海外西经》：穷山在其北，不敢西射，畏轩辕之丘。在轩辕国北。其丘方，四蛇相绕。	地名

太史公之后对《山海经》作全面审视的是两汉之际著名学者刘歆。刘歆是刘向少子,刘向去世后,刘歆子承父业,领衔遍校群书。刘氏在总校群书中,将散乱的三十二篇本《山海经》最后校定编次为十八篇,于建平元年四月进呈。刘歆校《山海经》时,作了一些文字增删。《上山海经表》云:

山海经者,出于唐虞之际。昔洪水洋溢,漫衍中国,民人失据,敚隨于丘陵,巢于树木。鲧既无功,而帝尧使禹继之。禹乘四载,随山刊木,定高山大川。益与伯翳主驱禽兽,命山川,类草木,别水土。四岳佐之,以周四方,逮人迹之所希至,及舟舆之所罕到。内别五方之山,外分八方之海,纪其珍宝奇物,异方之所生,水土草木禽兽昆虫麟凤之所止,祯祥之所隐,及四海之外,绝域之国,殊类之人。禹别九州,任土作贡;而益等类物善恶,著《山海经》。皆圣贤之遗事,古文之著明者也。其事质明有信。孝武皇帝时,尝有献异鸟者,食之百物,所不肯食。东方朔见之,言其鸟名,又言其所当食,如朔言。问朔何以知之,即《山海经》所出也。孝宣皇时,击磻石于上郡,陷得石室,其中有反缚盗械人。时臣秀父向为谏议大夫,言此贰负之臣也。诏问何以知之,亦以《山海经》对。其文曰:"贰负杀窫窳,帝乃梏之疏属之山,桎其右足,反缚两手。"上大惊。朝士由是多奇《山海经》者,文学大儒皆读学,以为奇,可以考祯祥变怪之物,见远国异人之谣俗。故《易》曰:"言天下之至赜而不可乱也。"博物之君子,其可不惑焉。①

在刘歆看来,《山海经》为禹、益等圣贤之作,内容的真实性不容怀疑。这里交代了几个问题:(1)书籍产生的时间是"唐虞之际"。(2)作者是辅助大禹治水的益。(3)迎合当时对于博学的需要,宣扬该书博学的功能,阅读《山海经》"可以考祯祥变怪之物,见远国异人之谣俗。……博物之君

---

① 袁珂:《山海经校注》,上海:上海古籍出版社,1980年,第477—478页。

子,其可不惑焉"。也就是说可以成为博学之人。博学是当时非常流行的学问。更是指出《山海经》在当时引起的巨大反响,"朝士由是多奇《山海经》者,文学大儒皆读学"。刘歆这一说法略有夸大其词,但作为上书给皇帝的表,也不至于完全失实,在一定程度上反映了当时《山海经》的传播状况。

稍后于刘歆的东汉王充(27—约97)则是一位不同流俗、颇具批判意识的思想家,但对《山海经》的认识和刘歆并无二致。王充云:"禹、益并治洪水,禹主治水,益主记异物,海外山表,无远不至,以所闻见,作《山海经》。……然则《山海》之造,见物博也。董仲舒睹重常之鸟,刘子政晓貮负之尸,皆见《山海经》,故能立二事之说。使禹、益行地不远,不能作《山海经》;董、刘不读《山海经》,不能定二疑。"刘歆和王充皆为饱学之士,是颇有影响的学者,他们的看法一方面代表了太史公之后对于《山海经》内容性质的权威认识,另一方面,由于其特殊的地位加速了《山海经》在社会的传播速度。

由于当时人对博学知识的重视,以及对"秘书"的崇拜,因此《山海经》在社会上颇为流行。王充《论衡》、卫宏《汉旧仪》、赵晔《吴越春秋》、高诱《淮南子》注、许慎《说文解字》、应劭《风俗通义》等都提到或同时又引证过《山海经》。比如《风俗通义》云:"《山海经》曰'祠鬼神皆以雄鸡'。鲁郊祀常以丹鸡,祝曰:'以斯鶾音赤羽,去鲁侯之咎。'今人卒得鬼刺痱,悟,杀雄鸡以傅其心上。病贼风者作鸡散治之,东门鸡头可以治蛊。"[①]

汉末文人对于《山海经》的接受更多是地理学的。范晔《后汉书》记载东汉明帝赐王景《山海经》治水。永平十二年(69年),王景受命治理黄河,汉明帝"赐景《山海经》《河渠书》《禹贡图》",随后王景治河进展顺利。《河渠书》《禹贡图》是公认的古代地理学方面的著作,明帝将《山海经》与之并列,显然当时是把《山海经》当作导山治水的地理书并运用于实践之中。

[①] (东汉)应劭著,吴树平校释:《风俗通义校释》,天津:天津人民出版社,1980年,第312页。

地理学的认同还包括《吴越春秋》，此书是东汉赵晔所著。赵氏首先认定《山海经》的作者为禹、益，并进一步将禹、益作《山海经》的传说神话化、具体化。不难看出，赵氏虚构禹、益作书故事明显是受了汉代神话历史观的影响，但也无意中承认了《山海经》在地理学方面的价值，甚至认为《山海经》在治水中有实际功用。其次，赵晔又把《山海经》一书的主要内容归纳为"山川脉理，金玉所有，鸟兽昆虫之类，及八方之民俗，殊图异域土地里数"，也是认识到《山海经》的地理学内涵：

> （禹）遂循行四渎，与益、夔共谋。行到名山大泽，召其神而问之山川脉理，金玉所有，鸟兽昆虫之类，及八方之民俗，殊国异域土地里数，使益疏而记之，故名之曰《山海经》。[①]

此外，《山海经》中记载的海外方国甚至被正史所引用，《后汉书·东夷列传》："故天性柔顺，易以道御，至有君子、不死之国焉。"这两个国都是《山海经》中所记载的。《山海经》曰："君子国在其北，衣冠带剑，食兽，使二文虎在旁。"《山海经》又曰："不死民，在其东，其为人黑色，寿不死。"除此之外，《东夷列传》中还提到女子国、裸身国和黑齿国。

以上所提到的都是当时著名的学者，都具有较高的社会地位。这些精英分子在传播过程中往往处于传播的中间环节，他们既可以凭借优势的社会地位自上而下地影响社会大众、引导舆论，又能够借助自身的优势自下而上地影响上层政治，从而对社会主流思想、文化等产生重要影响。传播学中称这类人为意见领袖，这最早是由拉扎斯菲尔德等在《人民的选择》中提出来的："那些能提出指导性见解，具有广泛社会影响的人，叫意见领袖，又称舆论领袖，是结成社会精英的群体。就一般而言，意见领袖具有崇高的社会威望，能够生产意见，意见领袖具有高尚的政治品格和引人敬慕的气质。能在公众中产生一呼万从的感应，他们的人格魅力和高深的创见，产生引导思

[①] 周生春：《吴越春秋辑校汇考》，上海：上海古籍出版社，1997年，第105页。

想的力量。"①

综上，两汉《山海经》的传播首先是围绕学者、文人的审美期待视野展开的，随后，接受者的文化层次逐步下移，在多元接受中实现了作品内涵的传播与改变，多方位、多角度展示《山海经》的文化特质和审美价值。两汉以后《山海经》的传播受到了种种不利因素的限制，一度较为迟缓，但并未完全断绝，而是如丝若缕地在民间以多种方式缓缓传承，等待下一次的重新被认识。

三、传播方式

（一）文本传播

用纸抄写传播始见于西汉，如《汉书·外戚传下》载："武发箧中有裹药二枚，赫蹏书。"孟康注曰："蹏犹地也，染纸素令赤而书之，若今黄纸也。应劭曰：赫蹏，薄小纸也。"②《后汉书》载肃宗赏贾逵："书奏，帝嘉之，赐布五百匹，衣一袭，令逵自选公羊严、颜诸生高才者二十人，教以《左氏》，与简纸经传各一通。"李贤注曰："竹简及纸也。"③竹简和纸并为赏赐物品，这说明纸已经作为抄写传播介质，但还是"稀有物"，并未完全取代竹简、木牍、绢帛等书写载体。因此，两汉时期《山海经》的文本形态主要是以简牍的形式流传于世。但即使是竹简或者木牍也不是普通百姓可以承担的，皮锡瑞《经学历史》："汉人无无师之学，训诂句读皆由口授；非若后世之书，音训备具，可视简而诵也。书皆竹简，得之甚难，若不从师，无从写录；非若后世之书，购买极易，可兼两而载也。"④"难"是指两个方面，一是价格应该比较昂贵，超出一

---

① （美）保罗·F.拉扎斯菲尔德、伯纳德·贝雷尔森、黑兹尔·高德特：《人民的选择：选民如何在总统选战中做决定》，唐茜译，北京：中国人民大学出版社，2012年，第75页。
② （汉）班固：《汉书》，北京：中华书局，2005年，第2936页。
③ （南朝宋）范晔：《后汉书》，北京：中华书局，2005年，第831页。
④ （清）皮锡瑞：《经学历史》，北京：中华书局，1959年，第131页。

般家庭的承受能力,就连在京师受业太学的王充也是"家贫无书",因此,普通群众的购买力限制了《山海经》在民间的传播。二是书体过于庞大,实在不便于携带、传播,《史记·滑稽列传》:"朔初入长安,至公车上书,凡用三千奏牍。公车令两人共持举其书,仅然能胜之。人主从上方读之,止,辄乙其处,读之二月乃尽。"①"两人共持举其书",才可以"仅然能胜之"! 以轻便的纸作为书写介质,要等到魏晋南北朝时期。

(二) 图像传播

1.《山海图》的传播

《山海经》本是有图的,《史记·大宛列传》云:"汉使穷河源,河源出于寘,其山多玉石,采来。天子案古图书,名河所出山曰昆仑云。"这里的"古图书"当是说与《山海经》配套的《山海图》。晋代大诗人陶渊明有"泛览周王传,流观山海图"的诗句,郝懿行在《山海经笺疏叙》中也曾就此指出:"郭注此经而云:'图亦作牛形',又云:'在畏兽画中';陶征士读是经诗亦云:'流观山海图':是晋代此经尚有图也。"②唐代张彦远在《历代名画记》中列举的近百种所谓"述古之秘画珍图"中,就包括《山海经图》和《大荒经图》。创作汉画像石的工匠文化层次本不高,而把《山海图》作为画像石的底版不失为一种较为方便的手段。据马昌仪先生考证,现行的《山海经图》是"明清时代绘画与流传的图本",而且在创作过程中应该是参照了画像石的内容:"明清古本《山海经图》与古图之间,又有着古老的渊源关系。古图虽然失传了,如果我们把明清《山海经图》与目前已发现的与古图同时代的远古岩画、战国帛画、汉画像石,以及新石器时代的陶器、商周青铜器上的图像、图饰和纹样作些比较,便可以从另一个侧面发现二者之间的渊源关

---

① (汉)司马迁:《史记》,北京:中华书局,2013年,第3865页。
② 袁珂:《山海经校注》,上海:上海古籍出版社,1980年,第484页。

系是十分古老的。"①

2. 汉画记载的《山海经》内容

"汉画是中国两汉时期的艺术,其所包括的内容主要是两部分:画绘(壁画、帛画、漆画、各种器绘等)、雕像(画像砖、画像石、画像镜、瓦当等浮雕及其拓片)。"②汉画像石和画像砖的产生与流行,是和汉代社会流行的厚葬习俗分不开的,汉代的经济较之前代有了较大的发展,汉代贵族生前亨受荣华富贵,也希望死后继续这种奢华的生活。因此,但凡有钱的人家,更不用说皇帝、贵族,都不计成本地使自己墓室更加的奢华。墓室中的画像石和画像砖就是刻在墓壁上的带有墓主人生前的宗教、信仰以及日常生活场景的图画,内容非常丰富,其中也保存了许多《山海经》资料,对《山海经》在民间的传播起到了极大的推动作用。纵观汉代画像石画像砖中保存《山海经》资料,主要是神兽,其次是异国奇人,最后是神话人物。汉画中运用《山海经》这些资料的目的无非有二:一是体现了对于生命不死的渴求,如西王母系统的图案。二是运用神兽或远方异民的图案,要么借助其狰狞面目达到镇墓的目的,如九尾狐、开明兽、陆吾等;要么是表达祥瑞灵异的氛围,如贯胸国、氏人国等。因为《山海经》中很多素材被直接运用于画像石的图案,因此考古工作者常从《山海经》中去寻找画像石图案的答案:"我们揣测《山海经》原图,有一部分亦为大幅图画或雕刻,有类于今日所见画像石……由于《山海经》具备这些特点,我们今日以之与沂南石刻相比证,是很适宜的。"③

(三) 口头传播

口头传播是最原始的传播形态,它起源要早于文字传播,并长期和文字

---

① 马昌仪:《山海经图:寻找〈山海经〉的另一半》,《文学遗产》2000 年第 6 期。
② 顾森:《中国汉画图典·序》,杭州:浙江摄影出版社,1997 年。
③ 南京博物院、山东省文物管理处编:《沂南古画象石墓发掘报告》,文化部文物管理局,1956 年,第 43 页。

传播并行发展,也有着文字传播不可替代的作用。"最古老的传播技术是修辞学,是通过话语来征服受众心理的。"①《山海经》本就是非"一时一地"的集体创作,天然存在着集体口头传播的过程。到了战国以降虽然已有零星的文本保存与流传,但因纸张制作的经济、印刷技术等因素的掣肘,文本数量非常有限。在传播过程中文字传播不可能是最主要的传播方式,此时比较通行的应该还是口头传播的方式。口头传播的缺点是传播的内容有不稳定性,易于湮灭在历史长河中。但还是可以在乐府民歌中找到蛛丝马迹,大略可以管中窥豹,可见一斑。汉乐府诗歌《陇西行》:"卒得神仙道,上与天相扶。过谒王父母,乃在太山隅。"这里的"王父母"就是指西王母和东王公。可见西王母在当时是口头传唱的主题之一。除了西王母之外,昆仑也是口头传播的重要内容:

> 吾欲上谒从高山。山头危险道路难。遥望五岳端。黄金为阙,班璘。但见芝草,叶落纷纷。百鸟集,来如烟。山兽纷纶,麟辟邪其端。鹍鸡声鸣。但见山兽援戏相拘攀。小复前行玉堂,未心怀流还。……采取神药若木端。玉兔长跪捣药虾蟆丸。奉上陛下一玉柈。服此药可得神仙。……②

这是汉代末期《董逃行》中的传唱的内容,讽刺了妄求长生不老药的行为。歌谣中描写的"高山"完全是世俗版的《山海经》中的昆仑世界。具有《山海经》昆仑的一切元素:难以攀登的高山、怪兽和祥瑞动物的看护、不死神药。更是适应时代而更换了昆仑山主人西王母的附属物:玉兔和捣不死药的蛤蟆,这种图案的组合也反映在当时的画像石中。《董逃行》属于民间乐府民歌,乐府民歌的作者往往不是文人,它所反映的社会现象往往更加真切,从中不难看出《山海经》在此时流传之广泛。

---

① 陈卫星:《传播的观念》,北京:人民出版社,2004年。
② (宋)郭茂倩:《乐府诗集》,北京:中华书局,1979年,第505页。

四、《山海经》"暂显于汉"的再认识

晋郭璞在总结两汉至魏晋《山海经》传播历程时云："盖此书跨世七代，历载三千，虽暂显于汉，而寻亦寝废。其山川名号，所在多有舛谬，与今不同。师训莫传，遂将湮泯，道之所存，俗之所丧。悲夫！余有惧焉，故为之创传……庶几令逸文不坠于世，奇言不绝于今。"[①]这段话中有几点值得我们关注：第一，"暂显于汉"，即认为《山海经》的传播只在汉代较为显著；第二，《山海经》不传之原因在于书中地理记载多有讹误，与世传不同，加之没有师徒间传授，自晋代行将湮灭。郭璞此言倒也不虚，两汉以来热热闹闹的《山海经》传播与接受到郭璞时期基本偃旗息鼓。个中原因，主要有二：

一是随着汉画艺术的流行《山海经》在功能上也被看作是汉画艺术工作者的创作指南、创作素材重要来源。但进入魏晋时期汉画艺术赖以生存的厚葬制度却走向了末路——取而代之的是薄葬。这一时期薄葬习俗形成的一个重要原因是自东汉末年以来战争频仍，社会动荡，物资匮乏，于是人们将目光投向藏有大量珠玉金银的墓葬，因而盗墓现象十分严重，这无疑给厚葬以沉重的打击。例如曹操就曾亲自参与过盗墓，这一行为本身让他不得不思考死后如何让灵魂安宁。从这个意义上来说，曹操是被迫转向追求薄葬，彻底打消盗墓分子对墓中钱财的觊觎之心，实现灵魂的安宁。曹丕上承父制，在黄初三年所颁布的《终制》是有关薄葬思想的法律性文件，之所以施行"薄葬"，这是因为"丧乱以来，汉氏诸陵无不发掘""祸由乎厚葬封树"。[②]惨痛的教训迫使曹丕不得不以制度化、法令化的方式终结厚葬制度。皮之不存，毛将焉附，作为汉画创作的工具书《山海经》自然就无所可用了，逐渐淡出人们视野也是其必然的归宿。

[①] （清）严可均辑：《全上古三代两汉六朝文·全晋文》，北京：中华书局，1958年。
[②] （南朝宋）范晔：《后汉书》，北京：中华书局，2005年，第2137—2138页。

二是汉末至曹魏时期的社会思想呈现出断崖式的巨变。汉末实际统治者曹操以领袖的身份提倡"唯才是举",摒弃东汉以来掺杂谶纬、阴阳之学的儒家思想。史称"魏武好法术,而天下贵刑名;魏文慕通达,而天下贱守节"①。这对魏晋社会思想的变化起到了不可估量的作用。特别是东汉中后期,连年政治动荡,皇位更替频繁,豪强势力可以利用谶纬之术帮助推翻一个政权又建立一个政权。因此,为防止他人再编造、利用图谶,魏晋统治者大都下令禁止谶纬之学,比如曹操就"科禁内学",所谓内学,"谓图谶之书也。其事秘密,故称内"②。《山海经》与谶纬思想有很大的关联,书中存有大量的物占思维。所谓物占,是以某种怪异动物的出现预示着人间的灾祸。物占思想本是上古神话思维的显著特点,这一思想发展到汉代就演变为谶纬思想的核心——征验观念,即依据星象或自然界的变化来预示人间的吉凶祸福。可以说两汉《山海经》的传播与信奉天人感应的谶纬之学是互为依附关系:谶纬之学多有模仿《山海经》的著作,如《河图括地象》《括地图》等纬书基本是以《海经》为蓝本扩充而成;反之,《山海经》也因谶纬文学的流行而被更多人所熟知。对于谶纬之学雪上加霜的是,外来的佛教传播日益兴盛,人们对于经文的研习更加精湛,东汉中后期以皇帝、要臣为代表的上层社会对此又极力推崇,佛教思想完全进入主流社会而成为上至贵族下至平民百姓的精神支柱。而谶纬越发让人觉得荒诞不经,它的命运自然要由盛而衰直至被扫进历史的垃圾堆。因而,当谶纬之学失去它的市场之时,随之传播的《山海经》也必然会受到这种境况的影响。

综上所言,在两汉四百多年的时间里从上层王公贵族到民间普通百姓,从中央到遥远的边疆地区,《山海经》一时形成了热闹纷繁的局面。它的接受传播活动通过两种途径、三种方式,自武帝始至西汉末达极盛,东汉以后在民间思潮的影响下再次掀起了传播的高潮,这种状况竟持续于有汉一朝。

---

① (唐)房玄龄:《晋书》,北京:中华书局,1974年,第1317—1318页。
② (南朝宋)范晔:《后汉书》,北京:中华书局,2005年,第2705页。

当然这个热闹的背后和汉代的政治、经济、文化的发展状况是分不开的。但随着时代的进一步发展,《山海经》的传播很快陷入尴尬的境地。据东晋郭璞《山海经叙》:"(《山海经》)虽暂显于汉而寻亦寝废",至晋时竟"师训莫传,遂将湮泯",幸得郭璞在西汉刘秀校录基础上,对《山海经》做了系统的考释、研究,使《山海经》从此有了定本,后世注家也多以郭注为底本。

第三章 《淮南子》对《山海经》的接受：理性主义下的矛盾

《淮南子》理论体系庞大，思想内容博奥深宏，常为后人所赞叹。在思想层面，它以道家的"道"为旨归，同时又糅合先秦以来诸子百家之说，是西汉初期道家思想的集大成者，也是我国学术思想史上皇皇巨著。《淮南子》内容庞杂，涉及天文、地理、养生、军事、化学、神话、风俗习惯、农事生产等诸多方面。诚如唐刘知幾在《史通·自叙》中评价："昔汉世刘安著书，号曰《淮南子》。其书牢笼天地，博极古今，上自太公，下至商鞅。其错综经纬，自谓兼于数家，无遗力矣。"[1]《淮南子》一书广征博引，征引资料广泛而丰富。胡适称赞它："集古代思想的大成。"《淮南子》学术渊源极为复杂，直接或间接引用的先秦著作有《老子》《庄子》《韩非子》《吕氏春秋》《诗》《书》《易》《礼记》《孙子兵法》《管子》《战国策》《楚辞》《山海经》等先秦典籍。其中引用《汉书·艺文志》著录的包括《山海经》在内的"数术略"图书数部，可惜大多亡佚在历史长河中，今存较完整且能断定《淮南子》与之有关系的，只有《山海经》。因此有必要从接受的角度来探讨《淮南子》与《山海经》的关系，厘清两者之间的承接关系，以及考察作为接受主体的汉代知识分子的审美体验、审美感受。

---

[1] （唐）刘知幾：《史通》，北京：商务印书馆，1929年，第4页。

第一节 《淮南子》与《山海经》之关系考辨

首先,从成书时间上看,《山海经》在前,《淮南子》在后,《淮南子》存在引用《山海经》的可能性。一般认为《淮南子》成书于汉景帝中后期和武帝即位之初。《汉书·淮南王传》载:"初,安入朝,献所作《内篇》,新出,上爱秘之。"又云:"招致宾客方术之士数千人,作为《内书》二十一篇。""初",当指汉武帝建元二年。《史记·淮南王传》:"及建元二年,淮南王入朝。"学者牟钟鉴进一步指出:"查刘安入朝在建元二年,把这一年定为《淮南子》成书的年代是恰当的,当时刘安四十岁,他在自己封土上经营了几十年,思想比较成熟,而且在学识上、资历上具备了召集众宾客撰写长篇的条件。从客观条件看,自平息七国叛乱到建元二年这十多年间,政治上较为平静,《淮南子》的写作时间大约就是在这一时期的后半段,完成于刘安入朝前夕。"①此说甚是。

其次,《淮南子》中有大量的资料直接来源于《山海经》。《淮南子》的作者,"大约终因去古未远,有未散亡的典籍可供查考,有还存在于民间的口头传说可资凭依,为了阐述哲理,随意引来,无不得心应手"②。因此,《淮南子》成为《山海经》之后保存上古神话最多的一部典籍。《淮南子》一书对《山海经》有较多的接受,可以简略地分为两类:一类是集中在《地形训》中所列举海外三十六国和对昆仑境界的描写,这基本照搬于《山海经》。袁珂先生就此指出:"《淮南子》视野广阔,搜罗近于道家思想的神话材料,相当宏富,却远非《吕氏春秋》可比。单说《地形训》所载,就有海外三十六国,有昆仑山的弘伟景象,有禹使太章、竖亥步量大地,有禹'以息土填洪水以为名山',有对

---

① 牟钟鉴:《〈吕氏春秋〉与〈淮南子〉思想研究》,济南:齐鲁书社,1987年,第160—161页。
② 袁珂:《中国神话史》,上海:上海文艺出版社,1988年,第76页。

九州、八殥、八纮、八极的神话性质的解释,等等,几乎就是一部《山海经》的缩写。"①

另一类是分散在《地形训》中的神人、怪兽。详见表3-1。

表3-1 《淮南子·地形训》所见《山海经》神人、异兽

《淮南子·地形训》	《山海经》
穿胸民:高诱注曰:"胸前穿孔达背。"	《海外南经》:贯匈国在其东,其为人匈有窍。
东方有君子之国:高诱注曰:"东方木德仁,故有君子之国。其人衣冠带剑食兽,使二文虎也。"	《海外东经》:君子国在其(奢比尸)北,衣冠带剑,食兽,使二大虎在旁。其人好让不争。
形残之尸:高诱注曰:"以两乳为目,腹脐为口,操干戚以舞,天神断其手,后天帝断其首也。"	《海外西经》:形天与帝至此争神,帝断其首,葬之常羊之山,乃以乳为目,以脐为口,操干戚以舞。
有神二人,连臂,为帝候夜。	《海外南经》:有神人二八,连臂,司夜于此野。
夸父:夸父弃其策,是为邓林。	《海外北经》:夸父与日逐走,入日。渴欲得饮,饮于河渭,河渭不足,北饮大泽。未至,道渴而死。弃其杖,化为邓林。
烛龙:烛龙在雁门北,蔽于委羽之山,不见日,其神人面龙身而无足。	《大荒北经》:有神,人面蛇身而赤,直目正乘,其瞑乃晦,其视乃明,不食不寝不息,风雨是谒。是烛九阴,是谓烛龙。
雷神:雷泽有神,龙身人头,鼓其腹而熙。	《海内东经》:雷泽中有雷神,龙身而人头,鼓其腹。

除此外还有诸多名物,如乘黄、视肉、三株树、玉树、修蛇等,皆来自《山海经》。这一神话体系为我们提供了和《山海经》比较分析的可能性,尤其是通过接受美学的观点去体察《淮南子》在接受过程中的继承与改变。

第三,地形观念。《山海经·海外南经》中关于地形的概念为:"地之所载,六合之间,四海之内,照之以日月,经之以星辰,纪之以四时,要之以太岁。"这一地理模式当是古人对于自然界长期观察的结果。《淮南子》的地形观即是承《山海经》而来,《淮南子·地形训》开篇即云:"地形之所载,六合之

---

① 袁珂:《中国神话史》,上海:上海文艺出版社,1988年,第84—85页。

间,四极之内,照之以日月,经之以星辰,纪之以四时,要之以太岁。"两者几乎一模一样,体现了《淮南子》作者对于《山海经》地形观念的认同。

就《淮南子·地形训》的内容和《山海经》中《海外》四经的相似性来说,有两种可能:一是两书共同参照某个底本而呈现出相似性,安京论之:"《海经》中《海外》四经与《淮南子·地形篇》是一对双胞胎,可能是淮南刘氏家族领导编纂的,其骨架是《逸周书·王会篇》,同时吸收了楚地的神话和先秦文献中的一些传说。"① 二是《淮南子》参照了《山海经》。我们较为倾向于后者,据前文所论,《海外》四经的确和《山经》部分不是同时创作,但其创作下限也不会晚至汉代而应在早前的战国时期;再则较为确定的《山经》中的内容也大量出现在《淮南子》中,如《地形训》中"雷泽有神,龙身人头,鼓其腹而熙",明显是由《海内东经》"雷泽中有雷神,龙身而人头,鼓其腹"转化而成。因此,分析《淮南子·地形训》中有关《山海经》的内容,可以把握作为汉代诸子之作的《淮南子》对于《山海经》的接受状况,而且还能透过吉光片羽的接受轨迹挖掘《淮南子》丰富的接受内涵。

第二节 《淮南子》的作者及其知识结构探源

根据接受美学的观点,我们有必要首先梳理一下《淮南子》的作者及其知识构成,以此揭示《淮南子》在对《山海经》的接受过程中,"期待视野"所起的作用。

在《史记》的本传中并没有明确说刘安就是《淮南子》的作者,只是说:"淮南王安为人好读书鼓琴,不喜弋猎狗马驰骋,亦欲以行阴德拊循百姓,流誉天下。"东汉王逸隐约提到《淮南子》创作的班底,即"八公说":"《招隐士》者,淮南小山之所作也。昔淮南王安,博雅好古,招怀天下俊伟之士。自八公之徒,咸慕其德,而归其仁,各竭才智,著作篇章,分造辞赋,以类相从,故

---

① 安京:《〈山海经〉史料比较研究》,《中国边疆史地研究》1996年第1期。

或称小山,或称大山。其义犹《诗》有《小雅》《大雅》也。"①这里王逸说到刘安与八公著述之事,但并没有指出"八公"的名字,也没有直接将其与《淮南子》的创作联系起来。

明确指出刘安等人集体创作《淮南子》的高诱,在其《淮南叙目》中说:"(刘安)遂与苏飞、李尚、左吴、田由、雷被、毛被、伍被、晋昌等八人,及诸儒大山、小山之徒,共讲论道德,总统仁义,而著此书。"②此说几成定论,宋代高似孙以为:"所谓苏飞、李尚、左吴、田由、雷被、毛被、伍被、大山、小山诸人,各以才智辩谋,出奇驰隽,所以其书驳然不一。"③黄震《黄氏日钞》说:"《淮南鸿烈》者,淮南王刘安以文辩致天下方术之士,会粹诸子,旁搜异闻以成之。"

明代王世贞《艺苑卮言》则从文法的角度判断刘安当为"总编":"《淮南鸿烈》虽似错杂,而气法如一,当由刘安手裁。"④梁启超进一步阐明:"刘安博学能文,其书虽由苏飞辈分纂,然宗旨及体例,计必先行规定,然后从事;或安自总其成亦未可知。观《要略》所提絜各篇要点及排列次第,盖匠心经营,极有伦脊,非漫然獭祭而已。"⑤

王世贞和梁启超二先生虽仍认为《淮南子》出于众人之手,但也指出了刘安对于《淮南子》的"领导性"贡献。因此,可以认为,刘安创作的"期待视野"对于《淮南子》中神话的接受产生了决定性的影响。

刘安的生平《汉书·淮南王传》基本抄录《史记》中的文字:

> 淮南王安为人好书,鼓琴,不喜弋猎狗马驰骋,亦欲以行阴德拊循百姓,流名誉。招致宾客方术之士数千人,作为《内书》二十一篇,《外书》甚众,又有《中篇》八卷,言神仙黄白之术,亦二十余万

---

① (宋)洪兴祖:《楚辞补注》,北京:中华书局,1983年,第232页。
② (汉)刘安著,高诱注:《淮南子》,上海:上海古籍出版社,1985年,第2页。
③ (清)高似孙:《子略》,《四库备要本》,北京:中华书局,1959年,第17页。
④ (明)王世贞:《艺苑卮言》,济南:齐鲁书社,1992年,第106页。
⑤ 梁启超:《汉书艺文志诸子略考释》,《饮冰室合集》(第18册),北京:中华书局,2015年,第41页。

言。时武帝方好艺文,以安属为诸父,辩博善为文辞,甚尊重之。每为报书及赐,常召司马相如等视草乃遣。初,安入朝,献所作《内篇》,新出,上爱秘之。使为《离骚传》,旦受诏,日食时上。又献《颂德》及《长安都国颂》。每宴见,谈说得失及方技赋颂,昏莫然后罢。①

从这段记载我们可以看出:(1)刘安喜好读书,为人低调,不似当时的一些藩王花天酒地。平时乐做善事,积阴德,为政能安抚百姓,以此流播名誉。(2)刘安才思敏捷,"旦受诏,日食时上"。也说明刘安在学问上确实有很高的造诣,能够为《离骚》作"传",必须对《离骚》烂熟于胸,并有体会,才能如此之快地写出来。(3)刘安很会搞好和朝廷之间的关系,深得同为文艺爱好者的汉武帝的尊重。汉武帝每次宴会召见刘安,共同谈论政务得失、方术、技艺、赋颂,两人都兴致勃勃,一直到天黑日落,所作新书"上爱秘之"。

对于刘安的知识结构,我们还可以从其创作中略见端倪。除《淮南子》《内篇》之外,刘安著述丰富,涉猎广泛。《汉书·楚元王传》又载:"淮南有《枕中鸿宝苑秘书》。书言神仙使鬼物为金之术,及邹衍重道延命方,世人莫见。"②葛洪《神仙传》曰:"淮南王……作内书二十二篇,又中篇八章,言神仙黄白之事,名为《鸿宝万毕》。"③我们认为,《鸿宝万毕》乃是《鸿宝苑秘》一音之转,实为一书。《汉书·艺文志》载有刘安诗歌辞赋方面的著作若干:"淮南王赋八十二篇""淮南歌诗四篇",可惜今仅见于《楚辞》中题名"淮南小山"的《招隐士》一篇。《汉书·淮南王传》中还记有刘安奉武帝命作《离骚传》,献《颂德》及《长安都国颂》。现在,《离骚传》(又叫《离骚赋》)仅存片段于班固的《离骚序》中。另据《艺文类聚》卷八十九引《成相篇》:"庄子贵支离,悲木槿。"注曰:"成相,淮南王所作也。"④《汉书·严助传》中还载有刘安《上武

---

① (汉)班固:《汉书》,北京:中华书局,2005年,第1652页。
② (汉)班固:《汉书》,北京:中华书局,2005年,第1500页。
③ 马俊良:《汉魏小说采珍》,上海:上海中央书店,1937年,第130页。
④ (唐)欧阳询:《艺文类聚》,上海:上海古籍出版社,1965年,第1544页。

帝谏伐东越书》一文。在天文方面,有《淮南杂子星》十九卷,早佚。这些著书囊括古今,涉猎广泛,可见刘安的学识是非常渊博的。

刘安在后世影响更大的是他对于道家思想、道术的无比热衷:

> 淮南王学道,招会天下有道之人,倾一国之尊,下道术之士。是以道术之士,并会淮南,奇方异术,莫不争出。王遂得道,举家升天,畜产皆仙,犬吠于天上,鸡鸣于云中。①

这里说刘安"王遂得道,举家升天"固然是虚妄之言,但他好道术应当确实。淮南王与他的方士一起进行炼金并记载此术,而此术为神仙道的主要内容,属于技术层面,又成为后世道教践行道教理论的重要手段。刘安的信仰也直接影响到《淮南子》的主题,东汉高诱《淮南子注叙目》称"其旨近《老子》,淡泊无为,蹈虚守静,出入经道";"其言大也,则焘天载地;说其细也,则沦于无垠,及古今治乱存亡祸福,世间诡异瓌奇之事。其义也著,其文也富,物事之类,无所不载,然其大较归之于道,号曰《鸿烈》"。②该书主要包括崇道、崇鬼神、崇方仙之道、慕不死之乡和强调事业为主、事死为末四个方面,它是"西汉前期道家思想系统而详细的总结"③。

上述两个方面构成了刘安知识结构的主要特征:(1)博学多才;(2)推崇道家思想。我们认为,对于《淮南子》的作者来说,他们兼有双重身份,既为《淮南子》的作者,同时又是《山海经》《楚辞》等重要典籍的读者,"当一个读者拿起一部文学作品开始阅读时,他是张开着他的全部审美经验的期待视野来迎接作品的,他的世界观、人生观,他的一般文化视野与艺术文化修养,特别是他的文学能力,综合组成了一张经纬交织的审美期待的绵密网络,它像无数双眼睛盯住作品的每一细节,每一文字,按经验所提供的暗示

---

① (汉)王充著,黄晖校释:《论衡校释》,北京:中华书局,1990年,第317页。
② 何宁:《淮南子集释》,北京:中华书局,1998年,第2页。
③ 刘文典:《淮南鸿烈集解》,北京:中华书局,1989年。

去读解作品,体味作品,同时又无情地将不符合经验暗示的意象、意境、意义、意旨一概推拒、排斥在外,或通过那张期待的网络'过滤'出去"①。因此,"我们看到的神灵处于截然不同的语境中。《淮南子》的作者们试图部分地根据神话、部分地按照科学假说来解释宇宙的奇观及其运作"②。

第三节 《淮南子》对《山海经》接受分析

一、黄帝地位的变迁

黄帝是中华文明起源时期的传说人物,战国以降,黄帝的地位越来越崇高,但其身份复杂多变,甚至争议不断。《淮南子》中的黄帝形象较之《山海经》中原生态的黄帝有较大出入,因此分析《淮南子》对《山海经》中黄帝形象的接受,有助于我们廓清黄帝的历史真相,并进而考察汉代黄帝崇拜观念形成、演变的轨迹。我们首先来看《山海经》中黄帝的形象:

《西山经》:又西北四百二十里曰峚山……其中多白玉,是有玉膏,其原沸沸汤汤,黄帝是食是飨。是生玄玉。玉膏所出,以灌丹木。丹木五岁,五色乃清,五味乃馨。黄帝乃取峚山之玉荣,而投之钟山之阳。瑾瑜之玉为良,坚粟精密,浊泽有而光。五色发作,以和柔刚。天地鬼神,是食是飨,君子服之,以御不祥。

《大荒东经》:黄帝生禺䝞,禺䝞生禺京。禺京处北海,禺䝞处东海,是惟海神。

《大荒北经》:有系昆之山者,有共工之台,射者不敢北乡。有

---

① 朱立元:《接受美学导论》,合肥:安徽教育出版社,2004年,第207页。
② (英)鲁惟一:《汉代的信仰、神话和理性》,王浩译,北京:北京大学出版社,2009年,第21页。

人衣青衣,名曰黄帝女魃。蚩尤作兵伐黄帝,黄帝乃令应龙攻之冀州之野。应龙畜水。蚩尤请风伯雨师,纵大风雨。黄帝乃下天女曰魃,雨止,遂杀蚩尤。魃不得复上,所居不雨。叔均言之帝,后置之赤水之北。叔均乃为田祖。魃时亡之,所欲逐之者,令曰:"神北行!"先除水道,决通沟渎。

大荒之中,有山名曰融父山,顺水入焉。有人名曰犬戎。黄帝生苗龙,苗龙生融吾,融吾生弄明,弄明生白犬,白犬有牝牡,是为犬戎,肉食。有赤兽,马状无首,名曰戎宣王尸。

《海内经》:流沙之东,黑水之西,有朝云之国、司彘之国。黄帝妻雷祖,生昌意,昌意降处若水,生韩流。韩流擢首、谨耳、人面、豕喙、麟身、渠股、豚止,取淖子曰阿女,生帝颛顼。

从《山海经》的黄帝记载可以看出:

1. 黄帝的始祖神特征

上文所引材料中不厌其烦地提及黄帝作为始祖神的色彩。"对血统观念的执著记忆,构成了中国古老神话的独特风格,使中国的古代神话中,始祖神与天神合而为一,人格与神格合而为一。"[①]但这里的黄帝并不是唯一的始祖神,这和后世黄帝成为中华民族的始祖不同。在《山海经》中帝俊是另一个始祖神,多次交代帝俊的世系,如《海内经》曰:"帝俊生禺号,禺号生淫梁,淫梁生番禺,是始为舟。番禺生奚仲,奚仲生吉光,吉光是始以木为车。"[②]除此之外,还有炎帝的神谱。单从出现的频率上看,黄帝也不占优势,黄帝在《山海经》中出现十二次,而帝俊出现十六次。

2. 半人半兽的自然神

《山海经·西次三经》:"有神焉,其状如黄囊,赤如丹火,六足四翼,浑敦

---

① 金荣权:《中国古代神话历史化的轨迹》,《中州学刊》1999年第3期。
② 袁珂:《山海经校注》,上海:上海古籍出版社,1980年,第465页。

无面目,是识歌舞,实为帝江也。"毕沅注:"江读如鸿。"《左传·文公十八年》:"昔帝鸿氏有不才子。"杜预注:"帝鸿,黄帝。"

综上,黄帝在《山海经》中尚未完全脱去半人半兽的原始特质,更不是一个拥有至高无上权威的统领诸神的最高神。

较之《山海经》中的黄帝形象,在《淮南子》中黄帝明显附着了作者的审美期待,其内涵朝三个方向发展:1. 一元化;2. 本体论;3. 世俗化。

1. 一元化

所谓一元化是改变《山海经》时代的多神崇拜,顺变为一神崇拜。《淮南子·天文训》说:

> 何谓五星?东方,木也,其帝太皞,其佐句芒,执归而治春。其神为岁星,其兽苍龙,其音角,其日甲乙。南方,火也,其帝炎帝,其佐朱明,执衡而治夏。其神为荧惑,其兽朱鸟,其音徵,其日丙丁。中央,土也,其帝黄帝,其佐后土,执绳而制四方,其神为镇星,其兽黄龙,其音宫,其日戊己。西方,金也,其帝少昊,其佐蓐收,执矩而治秋。其神为太白,其兽白虎,其音商,其日庚辛。北方,水也,其帝颛顼,其佐玄冥,执权而治冬。其神为辰星,其兽玄武,其音羽,其日壬癸。①

《淮南子》用这种五方、五行、五神的图式来建构神谱,这在《山海经》中是没有的。《山海经》中的方位虽有所属的神,但这些神都是独立的,并未形成一个完整的系统,而且这些神还是半人半兽的:"东方句芒,鸟身人面,乘两龙。"(《海外东经》)"西方蓐收,左耳有蛇,乘两龙。"(《海外西经》)这种用五方、五行来构建、解读世界应当是战国时期五行说盛行以后的产物,如《礼记·月令》:

---

① 张双棣:《淮南子校释》,北京:北京大学出版社,1997年,第263页。

孟春之月……其日甲乙。其帝大皞,其神句芒。……孟夏之月……其日丙丁。其帝炎帝,其神祝融。……中央土,其日戊己,其帝黄帝,其神后土。……孟秋之月……其日庚辛。其帝少皞,其神蓐收。……孟冬之月……其日壬癸。其帝颛顼,其神玄冥。①

《吕氏春秋》、马王堆帛书《五星占》等文献均有类似的记载。需要指出的是两则材料中黄帝地位的变迁,在《礼记·月令》中五方帝的地位是平等的,但在《淮南子》中黄帝的地位却明显得到提升,占据中天,为五帝之尊,地位凌驾于五帝之上。至此黄帝成为诸神中拥有无限权威的最高统治者,其后黄帝又从神话的神逐步演变为历史中远古时代的帝王,与炎帝一起成为中华民族共同的祖先。据考证,黄帝名称最初出现的时候,等同于"皇帝":"'黄帝'实出'皇帝'之字变",且具有最高的权威,"黄帝本即皇天上帝……初为上帝之通名,不为专名"。②也就是说黄帝的地位存在一个高—低—高的起伏变化过程。在《淮南子》中之所以再一次地提升黄帝地位,是伴随着多民族封建统一国家的建立,为汉代"大一统"的政治服务的。因此《淮南子》中黄帝崇拜具有强烈的政治性,这和太史公《史记》完全是一脉相承的。在《史记·五帝本纪》中,把黄帝列于"五帝"之首,并且还说:"自黄帝至舜、禹,皆同姓而异其国号,以章明德。"在司马迁的笔下,不仅尧、舜、禹、汤、周文王、周武王这些帝王是黄帝子孙,其他各路诸侯也是黄帝之后,连匈奴、闽越等边远"未开化"之族亦被看作黄帝苗裔。这样,华夏大地上的各族群统统都被纳入以黄帝、炎帝为始祖的谱系之中。

2. 本体论

《说林训》:"黄帝生阴阳,上骈生耳目,桑林生臂手,此女娲所以七十化

---

① 王梦欧:《礼记今译今注》,天津:天津古籍出版社,1987年,第228页。
② 吕思勉、童书业:《古史辨》(第七册),上海:上海书店,1941年,第198—199页。

也。"高诱注:"黄帝,古天神也。始造人之时,化生阴阳。"①这里将黄帝的始祖神性质巧妙地置换成天地之本源。《易》曰"阴阳生太极,太极生两仪",此处云"黄帝生阴阳"。亦即将秦汉流行的阴阳思想嫁接到黄帝身上,使黄帝明显带有本体(万物之源)的意味。这一思想强调以阴阳的交感变化来说明自然界和人类社会的运行规律。这一阴阳化生的思想在《淮南子》中多次出现,如《精神训》云:"有二神混生,经天营地;孔乎莫知其所终极,滔乎莫知其所止息;于是乃别为阴阳,离为八极;刚柔相成,万物乃形。"高诱注:"二神,阴阳之神也。"

3. 世俗化

世俗化是伴随着去神化的步伐行进的。在《淮南子》中,黄帝不再是半人半兽的模样,而是南面垂手而治的圣君。《淮南子·览冥训》:

> 昔者黄帝治天下,而力牧、太山稽辅之,以治日月之行,律治阴阳之气,节四时之度,正律历之数;别男女,异雌雄,明上下,等贵贱,使强不掩弱,众不暴寡;人民保命而不夭,岁时孰而不凶,百官正而无私,上下调而无尤,法令明而不暗,辅佐公而不阿,田者不侵畔,渔者不争隈。道不拾遗,市不豫贾,城郭不关,邑无盗贼,鄙旅之人相让以财,狗彘吐菽粟于路,而无忿争之心。于是日月精明,星辰不失其行,风雨时节,五谷登孰,虎狼不妄噬,鸷鸟不妄搏,凤皇翔于庭,麒麟游于郊,青龙进驾,飞黄伏皂,诸北、儋耳之国,莫不献其贡职,然犹未及虙戏氏之道也。②

这段话反映了黄帝治理天下的内容和方式,很明显是将至高无上、无所不能的神演化为人间贤君。其中渗透着作者所追求的政治理想,这一方面

---

① 张双棣:《淮南子校释》,北京:北京大学出版社,1997年,第1751页。
② 何宁:《淮南子集释》,北京:中华书局,1998年,第476—479页。

利用黄帝身上纯美无瑕的神性彰显人间帝王的神圣权威,使上至帝王下至诸臣都有了可遵行的美德规范;另一方面也表明《淮南子》具有浓厚的"明君"情结。

需要指出的是,上述归纳《淮南子》中黄帝的三个特征,存在着矛盾,一方面是去神化、世俗化人间的贤君;另一方面又从阴阳关系入手,将其上升为宇宙的本体。这其实反映出刘安矛盾而尴尬的处境。《淮南子》号称"杂家",其思想内容驳杂,它以道家思想为基点,但同时又兼顾儒家大一统思想,以迎合中央政权的意图。从道家理想主义的立场出发,《淮南子》质疑等级、伦理道德的价值理念对人本性的束缚;而站在儒家伦理的立场,《淮南子》又宣扬儒家价值观所构建的等级秩序对现实社会的必要性。关于这一点,我们在下文还有所涉及,暂不赘述。

根据接受美学理论,一个作家的创作总是离不开他所生存的现实环境。黄帝地位的提升是伴随着汉代初期的政治格局出现的。西汉初年,国家草创,统治者尚未能进行全面的思想文化建设。在政治、思想领域,百家之说犹存,纵横游说之风仍然盛行。在散文创作方面,便出现了陆贾、贾谊、晁错等人总结历史经验、向朝廷献计献策的文章。到了景、武之际,随着国家日益强盛,经济繁荣,社会稳定,思想文化方面的建设也被提上日程。统治者意识到思想态势对于巩固政权的重要性,而且认识到思想上的混乱、分歧会造成"上亡以持一统"①的严重后果。因此,汉武帝一践祚马上批准了丞相卫绾关于罢黜所有宣扬申、商、韩非、苏秦、张仪之言的贤良言正的请求,同时打算采纳王臧关于立明堂、建辟雍的建议,只是忌惮窦太后的威势不得不作罢。窦太后去世后,他立即任命田蚡担任丞相,并接受董仲舒的建议:"诸不在六艺之科孔子之术者,皆绝其道,勿使并进。"②于是"绌黄老、刑名百家之言,延文学儒者数百人"③,正式确立儒学为治国安邦的指导思想。《淮南子》

---

① (汉)班固:《汉书》,北京:中华书局,2005年,第1918页。
② (汉)班固:《汉书》,北京:中华书局,2005年,第1918页。
③ (汉)司马迁:《史记》,北京:中华书局,2013年,第3762页。

一书正是有志于梳理和总结先秦以降诸子百家的思想内容及其社会实践，同时还想探索一种能够统摄和融通所有学说的"超级理论"，这个理论既要能够在国家层面起到治国安邦的作用，又要能够帮助普通百姓处理日常事务。

　　汉武帝时，西汉的经济已得到恢复发展，诸侯王势力在"推恩令"的施行下日益衰落，中央集权得到加强，大一统的政治局面已经形成。这一点也体现在《淮南子》对于太一神的改造。太一也叫泰一、泰壹、太极，是先秦就有的概念，有关太一的材料最早见于郭店楚简《太一生水》篇。《淮南子·诠言训》曰："洞同天地，浑沌为朴，未造而成物，谓之太一。"《淮南子·本经训》："帝者体太一，王者法阴阳，霸者则四时，君者用六律。"《淮南子·天文训》："太微者，太一之庭也，紫宫者，太一之居也。"综上，"太一"在《淮南子》中有三种含义：一为宗教神学意义上天神名称；一为古代的天文术数意义的太一星，即北极星；一为哲学意义的宇宙创生的本源：太一，即道。

　　《淮南子》对太一神的改造，是呼应了汉政府的造神运动。元光二年（公元前133年）方士谬忌奏请祭祀太一神，说："天神贵者泰一，泰一佐曰五帝。"[1]汉武帝很快接受建议将太一封为至尊天神，太一就从战国时期普通神一跃成为凌驾于五帝之上的最高神。司马迁还指出："五帝，泰一之佐也，宜立泰一而上亲郊之。"[2]五帝只是太一神之佐，春祭太一于东南郊，突出太一是众神中的统领。这是汉代维护王权的重要表现，在占有王权的同时掌握控制人们的神权，实现精神领域的大一统，确立天子的权威地位。隆祀太一既体现了汉代人"天人感应"的思维模式，也表现了汉代帝王为了说明自身地位合法性的良苦用心。

　　值得注意的是，有学者指出："刘安及其政治集团试图探讨自然形成的规律，因此著作具有学术性，又想为夺取政权建立理论，因此具有政治性，在朝廷神话、传统神话、民间神话和神话理解之间徘徊，所以《淮南子》的神话

---

[1] （汉）司马迁：《史记》，北京：中华书局，2013年，第581页。
[2] （汉）司马迁：《史记》，北京：中华书局，2013年，第587页。

体系非常复杂,也充满了矛盾和调和。"①这主要表现在,一方面,《淮南子》配合朝廷树立"太一"神的威权;另一方面又因刘安在淮南立国,必然会较多地受楚文化的熏陶,宣扬一些南方楚地神话,如盘古天地、女娲补天等一般都认为是起源于南方的神话。这在无形中就和汉武帝强调的一统社会相违背,表现出一定的对抗性,而被当时人斥责为"安废法度,行邪辟,有诈伪心,以乱天下,营惑百姓,背畔宗庙,妄作妖言"②。后来有人告淮南王谋反,于是"上使宗正以符节治王。未至,安自刑杀"。或说"淮南王安、衡山王赐谋反,诛。党与死者数万人"③。武帝下诏说:"日者淮南、衡山修文学,流货赂,两国接壤,怵于邪说,而造篡弑,此朕之不德。"④需要指出的是刘安既维护诸侯王地位,对抗中央政权,但他又要"以统天下"。这一做法看似矛盾,实质是因为西汉的诸侯王与先秦各诸侯国已有本质区别。汉代的诸侯王大多对皇权有觊觎之心,因此他们往往既维护现有的利益,同时也奢望皇帝梦,维护一统政权,两者本质上并不矛盾,都体现了诸侯王对皇权的欲望。

二、太阳的运行

万物生长都离不开阳光,因此古人对于太阳十分尊重,但太阳对于先民来说又显得神秘莫测。"日出而作,日入而息",古人依太阳的循环运动而生产、生活,但先民并不清楚这个循环运动方式的动力、方式等。由于受到生产力和科学发展水平的限制,古人往往根据自身的生活体验,相应地对此作出多种解释,根据不同的解释我们从中可以把握先民对于自然的了解以及思想状态的演变。首先以《山海经》为例:

《西次三经》:又西二百九十里,曰泑山,神蓐收居之。其上多

---

① 黄震云、孙娟:《汉代神话史》,长春:长春出版社,2010 年,第 130 页。
② (汉)班固:《汉书》,北京:中华书局,2005 年,第 1657 页。
③ (汉)班固:《汉书》,北京:中华书局,2005 年,第 124 页。
④ (汉)班固:《汉书》,北京:中华书局,2005 年,第 124 页。

婴短之玉，其阳多瑾瑜之玉，其阴多青雄黄。是山也，西望日之所入，其气员，神红光之所司也。郝懿行云：李善注《思玄赋》引此经作濛山，盖即《淮南子》云，日至于蒙谷是也。

《大荒东经》：东海之外，大荒之中，有山名曰大言，日月所出。有波谷山者，有大人之国。

《大荒南经》：东南海之外，甘水之间，有羲和之国。有女子名曰羲和，方日浴于甘渊。羲和者，帝俊之妻，生十日。

《海外东经》曰：下有汤谷。汤谷上有扶桑，十日所浴，在黑齿北。居水中，有大木，九日居下枝，一日居上枝。

《大荒东经》：大荒之中，有山名曰孽摇頵羝，上有扶木，柱三百里，其叶如芥。有谷曰温源谷。汤谷上有扶木。一日方至，一日方出，皆载于乌。

《大荒西经》：大荒之中，有山名曰丰沮玉门，日月所入。

通过上述《山海经》有关太阳的资料，我们可以得出以下结论：1. 太阳原有十个，他们的母亲是帝俊的妻子羲和，这十个太阳并没有产生危害性行为，因为"一日方至，一日方出"，各司其职，繁而不乱。2. 太阳中有"乌"。郭璞注云："中有三足乌。"乌是太阳的座驾，它是为太阳服务的，太阳与乌是主仆关系。即《山海经·大荒东经》："汤谷上有扶木。一日方至，一日方出，皆载于乌。"《续汉书·天文志》刘昭注引张衡《灵宪》曰："日者，阳精之宗，积而成乌，像乌而三趾。"何以乌有三趾呢？谶纬书《春秋元命苞》解释道："阳成于三，故日中有三足乌。"[①]《山海经》中只有出和入的地点，即太阳运动的轨迹是东出西入，并无更详细的划分，这就涉及上古人类的数量观和方位观问题。据叶舒宪考证，上古人类崇拜太阳神的初始阶段，由于被崇拜的太阳每天直线从东到西周而复始，便形成了最初的方位观念——东、西观："太阳的

[①] （汉）无名氏：《春秋元命苞》，侯官赵氏小积石山房本，1904 年，第 1273 页。

光明首先映红东方,所以最先成立的宇宙空间方位便是东方。"①这种古代方位观念的遗痕,就是在上古神话中所涉的方位总是东方、西方早于并且多于南方、北方,而且创世神话所涉唯有东、西方位。宋兆麟说:"我国的许多民族是先知道东西方向,后来才有南北方向的知识。景颇族称东方为'背脱',即日出的方向;称西方为'背冈',即日落的方向。"②

《淮南子》中关于太阳运行记述的详见于《天文训》,引录如下:

> 日出于旸谷,浴于咸池,拂于扶桑,是谓晨明。登于扶桑,爰始将行,是谓朏明。至于曲阿,是谓旦明。至于曾泉,是谓蚤食。至于桑野,是谓晏食。至于衡阳,是谓隅中。至于昆吾,是谓正中。至于鸟次,是谓小还。至于悲谷,是谓铺时。至于女纪,是谓大还。至于渊虞,是谓高春。至于连石,是谓下春。至于悲泉,爰止其女,爰息其马,是谓县车。至于虞渊,是谓黄昏。至于蒙谷,是谓定昏。日入于虞渊之汜,曙于蒙谷之浦,行九州七舍,有五亿万七千三百九里,禹以为朝、昼、昏、夜。③

此段文字描述了太阳一天的行程,比较而言,总体上继承了《山海经》中太阳由东到西的运动轨迹。但此处关于太阳日行的记载在各种典籍中是最为详细的,将母亲羲和驾车载着儿子太阳由东到西的具体路线及经过的时间、地点描述得非常清楚。尤其是太阳行走一天后"定昏"时分到达蒙谷,然后,入于虞渊,进入浩荡黄泉之水,潜行于地下,经过"九州七舍",走"五亿万七千三百九里",又曙于"蒙谷之浦",形成了朝、昼、昏、夜的循环而封闭的圆形模式。在这个太阳运行的模式中已经没有《山海经》中出现的太阳神乌,而且古人能够根据太阳运行的轨迹推算太阳走过的角度以及天的高度,可

---

① 叶舒宪:《中国神话哲学》,北京:中国社会科学出版社,1992年,第220—221页。
② 宋兆麟:《中国原始社会史》,北京:文物出版社,1983年,第431页。
③ 何宁:《淮南子集释》,北京:中华书局,1998年,第233—237页。

以看出《淮南子》时代观察自然的更高水平和更加理性的思维模式。这一思想同样在下列两段选文中也可看出端倪：

> 《山海经·海外东经》：帝命竖亥，步自东极至于西极，五亿十选（万）九千八百步。竖亥右手把算，左手指青丘北。一曰禹令竖亥。一曰五亿十万九千八百步。
>
> 《淮南子·地形训》：禹乃使太章步自东极，至于西极，二亿三万三千五百里七十五步。使竖亥步自北极，至于南极，二亿三万三千五百里七十五步。

不难看出《淮南子》对于《山海经》的改造很明显，如前文所述，《山海经》只涉及东西方向的长度，这是先民仅依据太阳的东升西落而体察出来的。而《淮南子》补充了南北方向的长度，体现了更好的空间概念。"现代的发展心理学研究表明，在个体心理发生过程中，时间意识的形成晚于空间意识。由于空间意识是以视觉表象为基础的，要比看不见、摸不着的时间更具体一些，所以最初的时间观念总是同具体的空间表象相联系的。"[①]这一空间思维可能是秦汉之后才有，《中山经》中有一段，经考证，认为是衍文，恰可以说明一点："天地之东西二万八千里，南北二万六千里。"郝懿行云："自'禹曰'已下，盖皆周人相传旧语，故管子援入《地数篇》，而校书者附著《五臧山经》之末。"——这显然不是《山海经》中的思想。

从《淮南子》的太阳运行轨迹中可以看出对于阴阳思想的崇尚。在《山海经》中，日月所入之山一共涉及六座，为丰沮玉门山、龙山、日月山、鏖鏊钜山、常阳山、大荒山，都记载于《大荒西经》，从地理位置上来说都在昆仑山附近。不仅如此，通过上述分析，太阳的出发点汤谷和太阳的落脚点蒙谷两个地名值得进一步探究。汤谷，郭璞云："谷中水热也。"亦作"旸谷"，据《尧典》孔安国注云："旸，明也，日出于谷而天下明，故称旸谷。"蒙谷，《史记·五帝

---

① 叶舒宪：《中国神话哲学》，北京：中国社会科学出版社，1992年，第204页。

本纪》亦作"昧谷"。《尚书·尧典》孔传云:"昧,冥也。日入于谷而天下冥,故曰昧谷。"①也称昧谷、幽谷、禺谷。有学者依据古音的语音转换关系指出:"禺谷、虞谷之'禺''虞'有角落义,再引申为光线不足之义,故又称'蒙谷''昧谷',再音转为'卯'谷,甚至写为'柳谷''细柳谷'。"②也就是说,蒙谷就是幽深阴冷之山谷。在先民看来,这个山谷下通黄泉,是到了晚上太阳回到东方的通道。因此,西方蒙谷的阴冷—黑暗,与东方旸谷的温暖—光明,构成了两极对立,但这种对立并非绝对的,下通的黄泉又暗示着两者之间转换的可能,这正是秦汉时期流行的阴阳哲学观的一种体现。

尤其值得我们注意的是《淮南子》中对羿形象的增益以及对"后羿射日"神话的改造。在《淮南子》中羿的形象是这样的:

> 逮至尧之时,十日并出,焦禾稼,杀草木,而民无所食。猰貐、凿齿、九婴、大风、封豨、修蛇皆为民害。尧乃使羿诛凿齿于畴华之野,杀九婴于凶水之上,缴大风于青丘之泽,上射十日而下杀猰貐,断修蛇于洞庭,禽封豨于桑林。③

从上述材料我们可以看出:首先,《淮南子》中极力渲染"日"的危害性,而在《山海经》神话中未提及太阳的这一属性,也未提及射日这一英雄事迹。《山海经·大荒东经》云:"大荒之中……有谷曰温源谷。汤谷上有扶木。一日方至,一日方出,皆载于乌。"也就是说十日是"代出"的,不存在危害百姓的事。今本《山海经》中,神羿数见,《海外南经》《大荒南经》云羿杀凿齿,均未提及羿射十日。《山海经·海内经》云:"帝俊赐羿彤弓素矰,以扶下国,羿是始去恤下地之百艰。""百艰",可能为《淮南子·本经训》所言诛凿齿、杀九婴、缴大风、杀猰貐、断修蛇、禽封豨诸事务。作为神的羿受帝俊的委派,利用

---

① (清)阮元:《十三经注疏》,北京:中华书局,1980年,第119页。
② 范三畏:《旷古逸史——陇右神话与古史传说》,兰州:甘肃教育出版社,1997年,第117页。
③ 何宁:《淮南子集释》,北京:中华书局,1998年,第574—577页。

其擅射的本领,以扶下国。其时的羿是一个熠熠生辉的为民造福的英雄。其次,如果说羿"射日",那么就让人们对于"射日"行为的必要性和合理性产生了怀疑。而这一点在《淮南子》中交代得异常清楚,"焦禾稼,杀草木,而民无所食",很明显,太阳在这里是邪恶的象征,因其晒死了庄稼、草木,百姓生存遭到严重威胁。在这样的背景下,射杀"太阳"必将成为拯救苍生的正义行为。《淮南子》中射日动机的来源应是源于对《山海经》神话的利用和改造。《楚辞》等作品记载的南方地区的神话,多有浓烈的太阳神崇拜,这一崇拜较多地体现在对于太阳神的维护上。维护太阳神,很便捷的手段就是贬损后羿射日的行为。因此,有必要增益后羿身份的内涵。学界认为"羿"有二,其一为历史人物的羿,是夏代有穷氏君主。最早提到后羿的是《左传·襄公四年》:"昔有夏之方衰也,后羿自鉏迁于穷石,因夏民以代夏政,恃其射也,不修民事而淫于原兽。"这里的羿虽是一位善射的君主,但品质却大有问题。因其信用小人寒浞,沉溺于田猎而不修民事,最终竟被"家众杀而亨之"。第二个"羿"为神话中的英雄人物,曾射杀恶魔凿齿并受帝命"恤下地之百艰"。在这个流播系统中羿同样是善射的,《山海经》中因其善射,帝俊还赐"羿彤弓素矰"。两个"羿"在漫长的传承中在两个并不相交融的系统中流传。但在《天问》中屈原却将二者黏合在一起:"羿焉彃日,乌焉解羽?……帝降夷羿,革孽夏民,胡射夫河伯,而妻彼洛嫔?冯珧利决,封豨是射。"这里的羿已经全然变成既是英雄的"弹日"者,又是"封豨是射"的玩物丧志者。但这种叠加未免过于草率和生硬,以至洪兴祖在《楚辞补注》中就提出质疑:"此言射河伯、妻洛嫔者,何人乎?乃尧时羿,非有穷羿也。革孽夏民,封豨是射,乃有穷羿耳。"[1]屈原对两个羿的叠加并非小说家言或一时疏忽,这恰恰反映了楚地民众对太阳神的尊崇和维护,只是处理得不够完美,留下了可寻之迹。

  《淮南子》继承了屈原的这一改动,维护太阳神地位,大大丰富后羿神话的内涵。而在《山海经》中羿只是一个简单的英雄,未见其有惊天动地的射日行为,更谈不上存在挖空心思地去维护太阳神的目的。

---

[1] 崔富章、李大明:《楚辞集校集释》,武汉:湖北教育出版社,2003年,第1126页。

三、昆仑神话

昆仑之名,自古至今一直充满了神奇色彩。但有关昆仑神话传说的描述往往以碎片的形式分布在先秦古籍里,《山海经》是较早系统介绍昆仑之名的先秦古籍之一。它对昆仑的描述主要集中在《西山经》《大荒西经》《海内西经》中:

> 《西次三经》:西南四百里,曰昆仑之丘,是实惟帝之下都,神陆吾司之。其神状虎身而九尾,人面而虎爪,是神也,司天之九部及帝之囿时。……河水出焉,而南流东注于无达。赤水出焉,而东南流注于氾天之水。洋水出焉,而西南流注于丑涂之水。黑水出焉,而西流于大杅。是多怪鸟兽。
>
> 《大荒西经》:西海之南,流沙之滨,赤水之后,黑水之前,有大山,名曰昆仑之丘。有神——人面虎身,有文有尾,皆白——处之。其下有弱水之渊环之,其外有炎火之山,投物辄然。有人,戴胜,虎齿,有豹尾,穴处,名曰西王母。此山万物尽有。
>
> 《海内西经》:海内昆仑之虚,在西北,帝之下都。昆仑之虚,方八百里,高万仞。上有木禾,长五寻,大五围。面有九井,以玉为槛。面有九门,门有开明兽守之,百神之所在。在八隅之岩,赤水之际,非仁羿莫能上冈之岩。赤水出东南隅,以行其东北。河水出东北隅,以行其北,西南又入渤海,又出海外,即西而北,入禹所导积石山。洋水、黑水出西北隅,以东,东行,又东北,南入海,羽民南。弱水、青水出西南隅,以东,又北,又西南,过毕方鸟东。昆仑南渊深三百仞。开明兽身大类虎而九首,皆人面,东向立昆仑上。开明西有凤皇、鸾鸟,皆戴蛇践蛇,膺有赤蛇。开明北有视肉、珠树、文玉树、玗琪树、不死树。凤皇、鸾鸟皆戴瞂。又有离朱、木禾、柏树、甘水、圣木、曼兑,一曰挺木牙交。

在上述描写中，大致能勾勒出昆仑之境的基本状态：昆仑之境很高，有万仞，一般人是上不去的，只有像"羿"这样的人才能"上冈之岩"。它还是多条河的发源地："赤水出东南隅""河水出西北隅""洋水、黑水出西北隅""弱水、青水出西南隅"，其中尤以河水最为著名。今天的昆仑山的由来和这一点有直接的关系，《史记·大宛列传》："而汉使穷河源，河源出于寘，其山多玉石，采来，天子案古图书，名河所出山曰昆仑云。"这里的"古图书"极有可能就是《山海经》。昆仑山由恐怖的半人半兽——虎身而九尾的陆吾来管理，因为它是"帝之下都"，有九个大门，门口有神兽开明兽看护，百神居住在上面，其中就有虎齿豹尾管理不死药的西王母。除此之外，山上还有很多神奇的动植物，在昆仑开明北有不死树，因此，昆仑与永生不死有着极密切的关联。对于《山海经》中昆仑的状态，李炳海先生指出："《西山经》记载的昆仑神境明显体现出原始神话的灵物崇拜特征，是原始拜物教的载体。这种灵物崇拜以自然界的动植物为主要对象，人类自身还没有成为受崇拜的神灵，还没有进入昆仑神境，成为那里的主人。早期昆仑神话的灵物崇拜，所反映的主要是人对自然暴力的畏惧以及对自然的依赖，前者体现于动物崇拜，后者通过植物崇拜显示出来。所出现的动物神具有令人恐怖的性质，是自然暴力的化身；所出现的草木具有奇异功能，是对自然创造力的依赖和礼赞。"[①]

《淮南子·地形训》中对神话地理昆仑山的描写基本上依据《山海经》的记载：

> 掘昆仑虚以下地，中有增城九重，其高万一千里百一十四步二尺六寸。上有木禾，其修五寻，珠树、玉树、璇树、不死树在其西，沙棠、琅玕在其东，绛树在其南，碧树、瑶树在其北。旁有四百四十门，门间四里，里间九纯，纯丈五尺，旁有九井，玉横维其西北之隅，北门开以内不周之风。倾宫、旋室、县圃、凉风、樊桐在昆仑阊阖之中，是其疏圃。疏圃之池，浸之黄水，黄水三周复其原，是谓丹水，

---

① 李炳海：《原始宗教灵物崇拜的载体——洋洋大观而又井然有序的昆仑》，《世界宗教研究》2005年第1期。

饮之不死。河水出昆仑东北陬，贯渤海，入禹所导积石山。赤水出其东南陬，西南注南海丹泽之东。赤水之东，弱水出自穷石，至于合黎，余波入于流沙，绝流沙，南至南海。洋水出其西北陬，入于南海羽民之南。凡四水者，帝之神泉，以和百药，以润万物。昆仑之丘，或上倍之，是谓凉风之山，登之而不死。或上倍之，是谓悬圃，登之乃灵，能使风雨。或上倍之，乃维上天，登之乃神，是谓太帝之居。①

上述所引内容尽管以《山海经》为蓝本，但在接受过程中，文本的接受与创造，都要受到原有的"期待视野"的制约。

首先，《淮南子》昆仑神境没有出现凶神、怪神。也就是说《山海经》中令人恐怖的怪兽陆吾、开明兽等都不见了踪影。在列举昆仑景观时，是以昆仑增城为中心依次展开，而不再是以开明兽为参照物："珠树、玉树、琁树、不死树在其西；沙棠、琅玕在其东；绛树在其南；碧树、瑶树在其北。"这里按方位先后顺序的叙述恰是战国时期的一种流行表达，如《战国策》中有大量按照方位依次进行铺陈描写的场景。如：大王之国，西有巴、蜀汉中之利，北有胡貉、代马之用。南有巫山、黔中之限，东有肴、函之固。再则，《地形训》列举的树木的分布方位和《山海经》的记载不尽相同，而且进一步地刻意抹去《山海经》中原始的一面，如《山海经》中的"有凤皇、鸾鸟，皆戴蛇践蛇，膺有赤蛇"。也就是说，这些凤凰、鸾鸟头上顶着蛇，脚下踏着蛇，胸前还缠着蛇，是非常怪异的神性组合。这其实是原始神话简单的类比思维，"先民创造出这样的凤凰、鸾鸟形象，并不是让蛇去折磨凤凰、鸾鸟，也不是显示凤凰、鸾鸟对蛇的征服，而是凤凰、鸾鸟要借助蛇的神力飞得更高更远，蛇是作为凤凰、鸾鸟飞翔时的助推者出现的，是两种精灵生命能量的整合，其效应是在运行高飞方面具有无与伦比的优势"②。

其次，和《山海经》不同的是，《地形训》中更加注重人对永恒生命的追求。人类对生命永恒的追求是本能的体现，《山海经》中不乏这样的思想，如

---

① 何宁：《淮南子集释》，北京：中华书局，1998年，第322—328页。
② 李炳海：《蛇：参与神灵形象整合的活性因子》，《文艺研究》2004年第1期。

管理不死药的西王母和昆仑山上的不死树,都寓意对超越有限生命的渴望。但这些不死药或者不死树的神力是先验的、无须说明的,体现了先民对自然力的一种模糊认识。前文所述,淮南王刘安是相信神仙实有,并可以用"术"的手段达到这一信仰的彼岸。这里的"帝之神泉,以和百药,以润万物"便是这一"术"的体现。以上这些在《淮南子》中的刻意的改变,就大大消解了《山海经》里早期神话才有的古老、质朴及其中的原始思维,取而代之的是以主编刘安的思想,将信奉的炼药成仙的思想投射其中。

最后,较之《山海经》中昆仑世界的一重世界(即纵向的平面模型,并未出现分层现象),《淮南子》的昆仑山要繁复得多,《淮南子》中昆仑山的结构模型有三层世界。第一层称为凉风之山,又叫不死之山,其神奇是"登之不死"。第二层叫悬圃,又叫玄琐。其神奇之处在于"登之乃灵,能使风雨"。第三层是神仙们活动的地方,顶部就是天庭帝都。这和萨满教的三重世界很接近,在萨满教的宇宙观中,宇宙是立体的,一般是垂直向的三分制模式,可被分为上、中、下三界。有宇宙山或宇宙树之类的中心柱轴将三界连接起来,通过柱轴,神祇可以降临人世。[1]梅列金斯基指出,"宇宙树首先是'垂直向'宇宙模式的中枢,实质上同将宇宙之分为天、地('中土')和地下三界相关联。……这种三分制是上与下双重对立的结果,继而分别将下界描述为死者和冥世魔怪糜集之所并将上界描述为神祇所居,后又描述为'特选'子民亡后所赴之域。"[2]这里的"地中",带有神话学的"大地中央"观念,伊利亚德提出:"世界的中心以山岳(宇宙山)、植物(世界树)或柱子(或梯子)为标识。它们垂直矗立,纵贯天上、地上、地下三个世界。……万物诞生在这个中心,世界上的生命力、协调、秩序等等统统以此为源泉。"[3]在这里昆仑起着勾连上下的功能,凭借这种支柱沟通宇宙各层。"这种突破是以一种通道作为标志的,正是藉此通道,从一个宇宙层面到另一个宇宙层面过渡才成为可

---

[1] 吴昊:《萨满教的宇宙观念探析》,《黑河学刊》2013年第4期。
[2] (俄)叶·莫·梅列金斯基:《神话诗学》,魏庆征译,北京:商务印书馆,1990年,第240页。
[3] (罗)米尔恰·伊利亚德:《神圣与世俗》,王建光译,北京:华夏出版社,2002年,第60—61页。

能(从天国到尘世或从尘世到天国,从尘世到地下的世界);与天国的联系通过某些宇宙的模式来表达,这一切都被视为宇宙之轴,即支柱,被视为梯子,被视为山、树、藤、蔓等等。"①凭借这些介质,人与神之间可以沟通与交流,并且有获得长生的可能。"三重世界"的模型就是以昆仑、西王母为中心,再结合建木神树等媒介的升天信仰的体现。其目的是表明在上段的天界中天神的尊贵身份,并非一般人随时随地可以觐见。

总之,较之《山海经》,在《淮南子》中"昆仑"呈现出一些新的变化:第一,昆仑,从《山海经》的神兽世界,一变而为适合神仙居住的场所;第二,《淮南子》受道家思想的影响,更加注重对于生命永恒的追逐,明确把汉代崇拜的太一帝放在了昆仑山上,昆仑以神山、圣山的面貌出现。同时,刘安又将昆仑结构模型改为三层世界,这些都体现出道家的精神追求。

四、海外诸国

《淮南子》中多涉及古代神话传说中的地名、国名、族名。这反映了汉代初期随着实践和认识范围的扩大,人们已不再满足于了解身边的具体事物,而渴望探索异国殊类以及下文将论及的四方八极等更为广阔的领域。其中《地形训》中关于海外三十六国的记载最为全面:

> 凡海外三十六国。自西北至西南方有修股民、天民、肃慎民、白民、沃民、女子民、丈夫民、奇股民、一臂民、三身民。自西南至东南方结胸民、羽民、讙头国民、裸国民、三苗民、交股民、不死民、穿胸民、反舌民、豕喙民、凿齿民、三头民、修臂民。自东南至东北方有大人国、君子国、黑齿民、玄股民、毛民、劳民。自东北至西北方有跂踵民、句婴民、深目民、无肠民、柔利民、一目民、无继民。②

---

① (罗)米尔恰·伊利亚德:《神圣与世俗》,王建光译,北京:华夏出版社,2002年,第12页。
② 何宁:《淮南子集释》,北京:中华书局,1998年,第355—358页。

《淮南子》此处记载明显是本于《山海经》的海外诸经,细析之,略有不同:一是,《淮南子》改《山海经》中的"国"为"民"。"国"者,叶舒宪先生通过分析指出:"国家的'国'原本不过是小小的城邑。这种人为划定的四方空间观念随着历史的进程而发展,经过投射和放大,才拓展为指代以都市为中心向四周展开的民族国家。"① 故刘安将"国"改为"民"恰反映了汉代的国家意识,还暗含将中原的一统政权也看作天下各民族所包围的中央之国。二是,《淮南子·地形训》对于海外诸国的记载较之《山海经》的海外四经稍有增删。自西南至东南方,多裸国民、豕喙民、凿齿民,无厌火国、戴国、周饶国;自东南至东北方,无青丘国;自东北至西北方,无聂耳国、博父国。各个方位的异国详见表3-2至表3-5。

表3-2 西北至西南方向(计10国)

	《地形训》	《海外西经》
同	修股民	长股之国
	肃慎民	肃慎之国
	白民	白民之国
	女子民	女子国
	丈夫民	丈夫国
	奇股民	奇肱之国
	一臂民	一臂国
	三身民	三身国
异	天民	巫咸国
	沃民	轩辕之国

案:《地形训》中多天民、沃民,无巫咸国、轩辕之国。无论是增加的还是删减的,两书基本是互通互有的。如《地形训》中增加的沃民,《大荒西经》曰:"西有王母之山、壑山、海山。有沃之国,沃民是处。沃之野,凤鸟之卵是食,甘露是饮。"再比如,去掉的巫咸国和轩辕国在《淮南子》中也有表述:"轩辕丘在西方""巫咸在其北方"。另外也只是一些小的变动,如修股民,是因为第二代淮南王刘长的名讳,故把"长"尽改作"修"。

---

① 叶舒宪:《〈山海经〉神话政治地理观》,《文化研究》1999年第3期。

表 3-3　西南至东南方向(计 13 国)

	《地形训》	《海外南经》
同	结胸民	结匈国
	羽民	羽民国
	讙头国民	讙头国
	三苗民	三苗国
	交股民	交胫国
	不死民	不死民
	穿胸民	贯匈国
	反舌民	岐舌国
	三头民	三首国
	修臂民	长臂国
异	豕喙民	截国
	凿齿民	周饶国
	裸国民	厌火国

案：《地形训》多裸国民、豕喙民、凿齿民。去掉厌火国、截国、周饶国。其中凿齿民见于《山海经·海外南经》："羿与凿齿战于寿华之野，羿射杀之。"《大荒南经》也说："有人曰凿齿，羿杀之。"

表 3-4　东南至东北方向(计 6 国)

	《地形训》	《海外东经》
同	大人国	大人国
	君子国	君子国
	黑齿民	黑齿国
	玄股民	玄股之国
	毛民	毛民之国
	劳民	劳民国
异	—	青丘国

案：《地形训》去掉青丘国。

表 3-5　东北至西北方向(计 7 国)

	《地形训》	《海外北经》
同	跂踵民	跂踵国
	句婴民	拘缨之国
	深目民	深目国
	无肠民	无肠之国
	柔利民	柔利国
	一目民	一目国
	无继民	无䏿之国
异	—	博父国
	—	聂耳之国

案:《地形训》去掉聂耳之国、博父国。

通过表 3-2 至表 3-5 可以看出:

1.《山海经》中独特的空间顺序是南—西—北—东,在"海外三十六国"的介绍基本上按照这一原则来进行的:西南—东南(南);西南—西北(西);东北—西北(北);东南—东北(东),对于这一奇特的顺序,张步天认为:"《山海经》和海外海内诸经采用南西北东顺序主要原因是中国古代先秦汉代地图上南下北,按图记事以上南为先。"①但在《山海经》中海外方国的方位叙述的顺序并不是一个封闭的完整的圆形结构,而呈不规则运动:先是逆时针的西南至东南,然后是顺时针的西南至西北,接下来是逆时针的东北至西北和东南至东北。在这一点上《淮南子》的处理明显不同,它是采用完整的封闭圆形结构,从西北开始至西北结束,呈逆时针运动。显然是刘安等人有意改变《山海经》这一粗糙、模糊的表述,从而使《淮南子》在空间的表达上更符合汉代人的习惯。这也在某种程度上间接证明了《山海经》的成书状况:《海经》的成书时间较为古老。

至于《淮南子》的海外三十六国为何未采用《天文训》《地形训》中的东、

---

① 张步天:《"南西北东"顺序辨》,《益阳师专学报》1998 年第 3 期。

南、西、北的空间顺序,而是采用西、南、东、北顺序,这说明《淮南子》在空间上同样分为海内和海外两个系统,这两个系统是呈相反方向运动的同心圆。故海外三十六国是有意按照西、南、东、北逆时针旋转,有别于《天文训》中呈顺时针旋转的海内系统。这也在一定程度上体现了刘安等人"内""外"的差别。在《淮南子·原道训》中有云:"昔者夏鲧作九仞之城,诸侯背之,海外有狡心。禹知天下之叛也,乃坏城平池,散财物,焚甲兵,施之以德,海外宾伏,四夷纳职,合诸侯于涂山,执玉帛者万国。""海外"作为和"四夷"并举的遥远的蛮荒之地,是"海内"国家政治扩张的目的地。这一观念当是来自《山海经》,《山海经》明确以"海内""海外"名篇,体现了模糊的一统理念为基础的政治化表述,只是《淮南子》表现得更加强烈。

2. 从内容上来说,《山海经》的"远国异人"大体可以分为两类:① 乐园型。记载的都是原始先民向往的和平安宁、衣食无忧、无病无灾而又长生不死的生活。这类型异国有:沃民之野、无䏿之国、丈夫国、轩辕国、君子国等。② 奇异型。主要是指在《山海经》的《海经》部分所记述的一些远离文明的远方异国,这些国家的人民在身体的外形和功能方面同普通人不一样,所以就叫作异人,即所谓的"异形"或"异秉"的国家。一方面是体现了人类在早年对自我本身局限的认识和想象性超越;另一方面是满足人类在技术水平比较低下时期对于世界新奇的了解。这类方国占多数,有修股民、奇股民、大人国、一臂民、三身民等。

对比《海经》与《地形篇》可以看出,二者对于海外异国的记载如出一辙。前文已说明《海经》部分成书在《淮南子》之前。因此,《淮南子》在"远国异人"方面对于《山海经》的全盘接受,这其中都隐约含有"自我认识":"上述形象,是华夏人通过想象虚构的。但是,这种想象不是任意的,而是遵守着某种'逻辑'……在这里,作为异族、异国国民形象变形的逻辑出发点的所谓'正常人',其实就是华夏人的自我认识。"① 接受美学认为,接受者作为价值

---

① 陈连山:《〈山海经〉对异族的想象与自我认知》,《北京大学学报》(哲学社会科学版)2012 年第 1 期。

实现的主体，他的期待视野往往起到重要作用，也就是说作者自身的阅读经验和审美趣味左右着作者对于文本的接受。刘安的审美趣味，正如高诱所说："其旨近《老子》，淡泊无为，蹈虚守静。"以刘安为代表的《淮南子》创作主体，以老庄的思想为旨归。"恍兮惚兮"的神秘主义是道家思想显著特征之一，这样就不难理解《淮南子》的创作者们为何全盘复制《山海经》中的虚无缥缈的远国异人。所不同的是《山海经》中的"远国异人"是先民对遥远的神秘世界作想象式的探索，是对神秘的未知世界特殊的理解和征服。而《淮南子》中这些"远国异人"只是提供了一个适合道家表达意图的时间和空间的外壳。

要之，早在先秦时期，随着理性主义的扩散，诸多神话的情节、主题等逐步被改造，尤其是黄帝、后羿等都笼罩上圣人的光环，稀释了他们曾作为祖先神和部族英雄的神话性质。《淮南子》对《山海经》神话的接受只不过是秉承先秦以来改造思潮的余绪而已。在此番改造过程中，更是掺杂了有汉一代的社会思潮，比如大一统的思想在昆仑神话中就有集中的体现。据此可推，刘安在吸收《山海经》、邹衍等人关于大地理观念的基础上，在时空顺序、殊方异国等方面都进行了有益的探索，就其深度和广度来说，远远超出了前人的视野。

此外，《山海经》依附《淮南子》而得以进一步地传播，而此时传播的动力更多来自仙话的畅通传播渠道。上至帝王将相，下迄百姓大众，无不对长生不老充满了幻想，神话中人类早年对于生命永恒的追求，自然成为其时方士们利用的素材，逐渐形成由方士改编神话为仙话的"新神话"再生模式。而神话是人类幼年时代特有的思维产物，属于不可再生资源，因此，在取舍上就显得很单一，故《淮南子》的多数神话不得不重复神话内容丰富的《山海经》中的内容，无形中也提升了《山海经》传播的效率。

第四章 《神异经》对《山海经》的接受：谶纬信仰下的改造

《神异经》以顺时针的顺序分别对东荒、东南荒、南荒、西南荒、西荒、西北荒、北荒、东北荒和中荒的山川道里、草木鸟兽和异人神灵进行全方位的描摹，这种结构安排明显是模仿《山海经》的叙述模型，鲁迅先生认为它"仿《山海经》，然略于山川道里而详于异物"[1]。《神异经》确是《山海经》叙事模本影响之下的博物体谶纬小说。但是和《山海经》相比，《神异经》已不再是简朴地描绘远国异人、草木鸟兽、山川道里等，从接受美学的角度出发，文本具有召唤结构，等待着读者去填补空白。因此，《神异经》在创作过程中必然会曲折地反映出汉代的儒家教化思想、谶纬思想和阴阳五行观念。通过分析《神异经》对《山海经》的接受过程，可以了解上古神话、天体运行等内容在汉代发生、发展的状态，以及探寻两汉"批量化"生产地理小说的动力，从而赋予《神异经》新的学术诠释价值。

第一节 《神异经》作者及成书时间

《神异经》今存一卷，《隋书·经籍志》，题作"汉东方朔撰，晋张华注"。然《汉书·艺文志》杂家类仅列《东方朔》二十篇，并无《神异经》。《汉书·东

---

[1] 鲁迅:《中国小说史略》,上海:上海古籍出版社,1998年,第16页。

方朔传》胪列《答客难》《非有先生论》等十余种,也无《神异经》,且进一步说:"朔之文辞……凡(刘)向所录朔书具是矣,世所传他事皆非也。"在论赞部分继续说:"后世好事者因取奇言怪语附著之朔,故详录焉。"颜师古注:"言此传所以详录朔之辞语者,为俗人多以奇异妄附于朔故耳。欲明传所不记,皆非其实也。"①说明班固之前关于东方朔的奇言怪语已经很多,本书必是"后世好事者"所为。

南宋陈振孙《直斋书录解题》在记载《神异经》时说:

> 二书诡诞不经,皆假托也。《汉书》本传叙朔之辞,末言刘向所录朔书具是矣,世所传他事皆非也。《赞》又言朔之诙谐,其事浮浅,行于众庶,而后世好事者,因取奇言怪语附著之朔,故详录焉。史家欲祛妄惑,可谓明矣。②

至此,关于《神异经》为托名东方朔所著的问题,几无异议。如明胡应麟《少室山房笔丛》卷三六明确认为:"汉人驾名东方朔,作《神异经》。"③但有关《神异经》著书年代的确认,学界有两种不同的说法,一是汉代说,一是六朝说。《隋书·经籍志》认为《神异经》为西汉东方朔所撰,自然它的成书年代就在汉代。因而承认《神异经》的作者是东方朔的,毫无疑问是"汉代说"的拥趸者,比如《崇文总目》《太平御览》等。六朝说的代表是《四库全书总目》,《子部·小说家类三·神异经》云:

> 此书既刘向《七略》所不载,则其为依托,更无疑义。《晋书》张华本传亦无注《神异经》之文,则并华注亦似属假借。……观其词华缛丽,格近齐、梁,当由六朝文士影撰而成……④

---

① (汉)班固:《汉书》,北京:中华书局,2005年,第2167—2168页。
② (宋)陈振孙:《直斋书录解题(丛书集成本)》,北京:商务印书馆,1937年,第305页。
③ (明)胡应麟:《少室山房笔丛》,北京:中华书局,1959年,第476页。
④ (清)纪昀、陆锡熊:《钦定四库全书总目》,北京:中华书局,1997年,第1536页。

赞同《四库全书总目》说法的不乏其人，鲁迅在《中国小说史略》亦云："《山海经》稍显于汉而盛行于晋，则此书（案：《神异经》）当为晋以后人作……有《注》，题张华作，亦伪。"①

《四库全书总目》只是根据《神异经》中的撰写文风来确定其成书时间，这一证据缺乏说服力，而且刻意回避了有关服虔引用《神异经》的一则材料：

《左传·文公十八年》载："颛顼有不才子，不可教训，不知话言，告之则顽，舍之则嚚，傲很明德，以乱天常，天下之民谓之梼杌。"《正义》云："服虔案：《神异经》云：梼杌，状似虎，毫长三尺，人面虎足，猪牙，尾长丈八尺，能斗不退。"②服虔为汉末大儒，服氏之书既引《神异经》为说，则《神异经》至少成书于汉末以前。

然"汉代说"还是遭到台湾地区学人周次吉的反对，反对的焦点集中在服虔是否征引过《神异经》。周次吉以《世说新语·文学篇》所载服虔曾得到郑玄的《左传注》稿本，服虔引《神异经》注《左传正义》，则郑康成应看到过此书：

那么，郑玄也应该看过《神异经》才是，可是翻查《后汉书·郑玄传》以及郑康成今天留下的注书，都未见引《神异经》，也未闻玄有引本经，就很值得怀疑了。③

同时，杨慎《六书索隐》列举《说文》所引诸家说凡二十八家，也无此"东方朔说"，加上杜预多引用服虔释文，而杜氏之注亦未见此经。故周次吉认为服虔引用此经不大可能，因此仍主张"六朝说"。周次吉这一推论的过程颇为牵强，本身在推演过程中就犯了逻辑上的错误，即不能因为郑玄、杨慎等人的著作中未提及《神异经》从而就否定《神异经》的存在，这一结论是不科学的。再说服虔对郑玄的材料也只是作为参考而已，不是原搬照抄，《世

---

① 鲁迅：《中国小说史略》，上海：上海古籍出版社，1998 年，第 16 页。
② 李学勤主编：《十三经注疏》，北京：北京大学出版社，1999 年，第 581—582 页。
③ 周次吉：《六朝志怪小说研究》，台北：文津出版社，1990 年，第 32 页。

说新语·文学》载:"服虔既善《春秋》,将为注,欲参考同异。"

当代学人李剑国则又引用《说文》的例子再一次证明《神异经》产生不会晚于汉代:

> 我们尚要补充的是汉末许慎《说文》六上木部"枭"字注为"不孝鸟也","不孝鸟"的名称出《神异经》,似亦可证书出汉人。而且《神异经》出于西汉末,因为东汉初郭宪《洞冥记》卷二有云:"昔西王母乘灵光辇,以适东王公之舍。"此正本于《神异经》;再者《汉书》朔传谓"后世好事者因取奇言怪语附著之朔",刘歆《上山海经表》云宣帝后文学大儒皆读学《山海经》,《神异经》刻意模仿《山海经》,又托名东方朔,看来其成书于西汉成、哀前后,是不会有多大问题的。①

姑且不论李剑国所说的"成书于西汉成、哀帝前后"是否准确,但上述两大证据足以说明《神异经》成书于汉代。对于《神异经》作者身份的推测,因书中体现儒家伦理说教的思想内容颇多,李剑国认为此书作者非方士或巫师之辈,而是儒生,或者说"是受方术之士影响的儒生"。对此,王国良也持大体相同的意见,他认为"作者可能是一位深受道教影响的儒生,或是一位长期浸淫在儒家思想中的方士"②,此说颇有道理。

第二节 《神异经》创作背景分析

作为《神异经》的作者在阅读、吸纳《山海经》文本的意义、价值之时,文本的结构模型、思想内涵必将对其鉴赏心理产生强烈的心理冲击,这种认知

---

① 李剑国:《唐前志怪小说史》,天津:南开大学出版社,1984年,第147页。
② 王国良:《神异经研究》,台北:文史哲出版社,1985年。

上的冲击也将其阅读、再创作都极力地"束缚"在一定的知识结构框架之内。接受美学称这种束缚为"定向期待"。"阅读中定向期待还往往表现为一种习惯倾向,这是由读者的世界观、文化素养、审美趣味、鉴赏能力等期待视界的构成要素所交汇成的一种惯性心理力量,一种内化为其心理机制的文化习惯,一种经个体选择后的传统文化在其心理上的积淀。"①不仅如此,作为《神异经》的作者还有"攀附"《山海经》的创作热情:

1. 西汉前期的汉惠帝开始废除挟书律,并"大收篇籍,广开献书之路",开始征集天下图书。西汉后期,随着文化教育事业的蓬勃发展,甚至还出现了专门为太学生进行图书交易的场所——槐市:"东为常满仓,仓之北为槐市,列槐树数百行为隧,无墙屋,诸生朔望会此市,各持其郡所出货物及经传书记、笙磬乐器,相与买卖。"②这无疑进一步增强了人们对图书的需求和渴望。《山海经》现有的结构模型对于《神异经》的作者来说是相对较低成本的一种运作,省去了另起炉灶的烦琐,大大提升了成书的速度。这也是汉代社会多因循守旧的一种折射。

2. 在汉代随着"罢黜百家,独尊儒术"方针的施行,方士的地位不断受到排挤,对于行走在求显达道路上的方士来说,撰写一本"奇书"也足以抬升自己学说被关注的程度,以便方士阶层有更好的发展机会。同时,汉代的文人有儒士、方士合流的趋向,即使是正牌的儒生也需要注入些方士化的手段:"一般儒生论到政治制度也常用邹衍的五德终始说的方式来迎合皇帝的意图,使得皇帝和上帝作起紧密的连系。……这种政策,皇帝当然是乐于接受的……原来儒生们已尽量方士化,方士们为要取得政治权力已相率归到儒生队伍里来了。"③"这种政策"就包括儒生虚构一些荒诞的奇人异兽,以呼应时人对于远方异国的兴趣。可见,在两汉大规模造神运动和谶纬神学的刺激下,神秘思维、谶纬文化日益占据上风,儒士撰写博物志怪也渐成吸引当

---

① 朱立元:《接受美学导论》,合肥:安徽教育出版社,2004年,第210页。
② (唐)欧阳询:《艺文类聚》,上海:上海古籍出版社,1965年,第692页。
③ 顾颉刚:《秦汉的方士与儒生》,上海:上海古籍出版社,2005年,第5页。

权者眼球的重要手段。

3. 古人本有"尚古"的传统。"古老"的《山海经》恰恰《神异经》的作者提供了很好的范例，《神异经》对于《山海经》的"参考"主要体现在以下几个方面：

(1) 从叙述模型来看

《神异经》继承了《山海经》叙事结构模型，即按照一定的方位顺序逐个展开。所不同的是，《山海经》是南—西—北—东的次第，而《神异经》是按照汉代常见的东—南—西—北的顺序。每一个部分基本是按照由近至远的顺序来编排的。但《神异经》不是如同《山海经》精确的里程那样由小到大的变化，取而代之的是距离逐步加深的词汇。如《东荒经》中，共十一篇，其地理位置是这样安排的：荒、荒外、大荒之东极、东方裔外，依次往外递进。

(2) 从书名来看

《神异经》的名称明显是受到了《山海经》的影响。《山海经》的"经"，袁珂先生训为"经历"，意谓山海之所经。从《神异经》内容来看，它分条记述了八荒及海中的奇异物产、神怪传说等，因此也不可以训为儒家经典的"经"，而是对《山海经》的机械照搬，也应训为"经历"。此外，题名中的"神异"二字颇值得玩味，这当为汉代人对于《山海经》内容的判断。刘歆在《上山海经表》中述及《山海经》的内容时说："内别五方之山，外分八方之海，纪其珍宝奇物异方之所生，水土草木禽兽昆虫麟凤之所止，祯祥之所隐，及四海之外，绝域之国，殊类之人。禹别九州，任土作贡，而益等类物善恶，著《山海经》。"从《神异经》记载的内容来看，的确也就是"珍宝奇物，绝域之国，殊类之人"，诚如鲁迅先生所说的"然略于山川道里而详于异物"。

(3) 从神的形象设计上看

首先，同《山海经》一样，《神异经》中有些神人、异物是属于首创，在给这些神人异物创造形象的时候，毫无疑问是受到《山海经》的影响。如东王公的记载一般认为是最早出现在《神异经》中，对于他的外貌描写是："长一丈，头发皓白，鸟面人形而虎尾，载一黑熊。"其中的"鸟面人形而虎尾"应是对《山海经》中西王母的"豹尾虎齿"的刻意模仿。其次，《神异经》中所记载的一些神兽、神人直接来源于《山海经》。在《神异经》中主要记载五类事物：一类是奇异的植物，以树木为主，方位主要在于东、东南、南方。这类植物的特征就是"大"，往往几十丈之高，甚至千丈之高，百尺之粗，如《东荒经》："东方有树焉，高八十丈。"不仅树木本身高大无比，连其枝叶也是硕大无比，"其叶长一丈，广六七尺"等等。一类是人，如共工。一类是地形的介绍。有海山、洲、火山、银山、金山、石湖、铜柱。一类是怪兽，如穷奇。一类是动物，鼠、大鸟等。体现了《神异经》对于《山海经》"从内容到结构、笔法力踵其武"①。

（4）征兆描写

所谓征兆，郑杰文指出："即预先显示的迹象。征兆信仰，即在泛神论的基础上产生的一种认为天地鬼神可给人世变化预示某些兆象的社会观念。"②这在《山海经》中常见，如《北山经》："有蛇一首两身，名曰肥遗，见则其国大旱。"再如，《东山经》："有兽焉，其状如夔而人面，黄身而赤尾，其名曰合窳，其音如婴儿。是兽也，食人，亦食虫蛇，见则天下大水。"又如，《南山经》记曰："是鸟也，饮食自然，自歌自舞，见则天下安宁。"这类记载，在《山海经》中有多处，它们都是表示出现的事物或现象预示着或好或坏的结果，这在《神异经》中也有类似的征兆描写。例如，《东荒经》："九力士操斧伐之，以占九州吉凶。斫之复生。其州有福；创者州伯有病；积岁不复者，其州灭亡。"需要指出的是，《山海经》中"有××，见则××"的征兆描写，更多的是体现"《山海经》征兆信仰还处于偶然、自发、随机的阶段，人们还缺乏总结归纳的功夫"③。与之不同的是，《神异经》中一则这种原始的征兆信仰出现的频率较低，二则《神异经》中的征兆描写更多表达了对于《山海经》的学习与模仿。

从以上分析，我们可以看出《神异经》的创作对于《山海经》多有因循，作者的知识构成、期待视野与对《山海经》的阅读经验相结合，使《神异经》在具

---

① 李剑国：《唐前志怪小说史》，天津：南开大学出版社，1984年，第378页。
② 郑杰文：《齐地的征兆信仰》，《管子学刊》1991年第2期。
③ 廖群：《〈山海经〉中原始征兆信仰及其民俗学价值》，《民俗研究》2006年第2期。

有《山海经》文本外壳的同时,也逐步褪去了《山海经》所具有的神话时代的特质,于神人异物的叙述中透露出一些新的内涵与价值,其中不少内容反映出汉代的信仰的进一步世俗化、方士儒家合流等思想倾向,有着浓厚的时代精神。因此,通过《神异经》的《山海经》接受分析,有助于勾勒出完整的汉代的思想流变。

第三节 《神异经》对《山海经》的接受分析

从创作角度讲,作者在创作过程中不能不受到"潜在的读者"影响,所谓"潜在的读者",是相对于现实的读者而言的。现实的读者是那些生活在一定时代、环境中形形色色实实在在地阅读着各种文学作品的个人和群体(读者和读者群)。潜在的读者则不同了,"他"并不实际存在,但有可能存在……而是活在作家心中时时缠绕并干预、参与作者创作的读者。说得更明白些,潜在的读者是作家想象出来的他未来作品的可能的读者。[①]根据接受理论,作者的审美经验期待视界,对文学创作产生重要的影响,这里包括三层意思:一是世界观和人生观。二是一般的文化视野,包括一个读者的文化水平、智力水准、知识面,实际生活经验,以及接受传统文化的熏陶、影响的程度、接受外来文化影响的状态等。三是艺术文化素养。《神异经》中作者的知识构成,对《神异经》的创作产生了重大影响。

一、记载的猎奇化

《山海经》尽管成书于战国时期,但记载的事情却是非常古老的,体现了上古时期人们懵懂地看世界的模糊思维阶段,有些是想象的,但不乏一些真实的内核。诚如袁珂先生指出的:"当原始初民用好奇的眼光,通过神话思

---

① 朱立元:《接受美学导论》,合肥:安徽教育出版社,2004 年,第 268 页。

维的方式,去观察探讨周围的世界时,除大部分被涂上带宗教和神话意味的神秘而富幻想的色彩而外,小部分仍取得了比较正确的认识。"①比如《山海经》中有大量的半人半兽之神,其实这是原始人"互渗"的思维模型,即以"我"为中心去观察世界的方式,将动物的特征嫁接到人的身上,以便具有动物的某些特性,体现了原始人对未知世界的敬畏和崇拜。亦即袁珂先生所说"显现了原始宗教(巫教)自然崇拜的特色"。

《神异经》中的记载更多的是带着一种猎奇的态度。所谓猎奇是指作者有意变形或夸张原本熟悉的事物,使其以极大或极小的状态呈现在世人面前,以满足世人对于未知世界的好奇心。"作者更关注的是云谲波诡的奇思妙想,带有游心娱目的赏玩目的。"②这点和《山海经》中体现出来的原始思维完全不同:"在原始人的思维的集体表象中,客体、存在物、现象能够以我们不可思议的方式同时是它们自身,又是其他什么东西。它们也以差不多同样不可思议的方式发出和接受那些在它们之外被感觉的、继续留在它们里面的神秘的力量、能力、性质、作用。"③因此,在《神异经》中记载的种种神异的事物往往本身只是平常的事物,为了突出其神异性,就将其无限放大或缩小,努力将其有别于人们熟知的生活经验。如《东荒经》中有一个非常高大的桃树,它的叶子有一丈长,"食核中仁,可以治咳"。这个桃树除了无比巨大的体型之外并没有什么不寻常之处,包括它的功用。现代研究证明,桃核确有镇咳作用,这是因为"桃仁中含苦杏仁甙,小剂量口服时,苦杏仁甙缓慢水解产生 HCN 和苯甲醛"④。又如《南荒经》中所提到的超乎寻常的沛竹、甘蔗都是实有之物,只是将它们变得无比巨大而已。再比如:

  南方有兽焉,角足大小形状如水牛,皮毛黑如漆,食铁饮水,其粪可为兵器,其利如刚,名曰啮铁。注引《玄黄经》云:南方啮铁,粪

---

① 袁珂:《论山海经的神话性质》,《思想战线》1989 年第 5 期。
② 李剑国:《唐前志怪小说史》,天津:南开大学出版社,1984 年,第 128 页。
③ (法)列维·布留尔:《原始思维》,丁由译,北京:商务印书馆,1981 年,第 69—70 页。
④ 张秋海、欧兴长:《桃仁的研究进展》,《基层中药杂志》1993 年第 7 期。

利为刚;食铁饮水,腹中不伤。①

"食铁饮水"的啮铁兽,粪便居然也能作为兵器。这种匪夷所思的动物,曾经一度认为完全是古人想象出来的异兽。《尔雅·释兽》:"貘,白豹。"晋代郭璞注:"似熊,小头,庳脚,黑白驳,能舐食铜铁及竹骨。"比照郭璞的描述,其实啮铁兽就是"食铜铁及竹骨"的"貘",即今天的国宝大熊猫,而且"啮铁兽"的名称在四川地区的县志中也有记载,乃是寻常之物。至于用貘粪炼钢作切玉刀,《尔雅翼》:"取其(指貘)粪为刀,可以切玉","今以貘化铁,则玉可切,铁不可挫"。这种将寻常事物通过夸张的变形从而达到陌生化和神奇化的手段在汉代很常见,比如武帝时期方士李少生向武帝描述他所看到的仙人所吃的枣子就是这样一种表述:"臣尝游海上,见安期生,安期生食巨枣,大如瓜。"——仙人吃的枣子也就是"大"而已。

《神异经》中的猎奇化倾向主要和汉代的两种状态相关联。一是随着汉大一统格局的建立,汉帝国与周边地区的交流进一步加强。《史记·卫将军骠骑列传》记载:"封狼居胥山,禅于姑衍,登临翰海。"此为汉代史籍中所知最北的记录。加之武帝时期张骞出使西域所带回的有关西域的文化、知识,极大地刺激了后来的探险活动与汉王朝对西域的开拓,更进一步加深了汉代对西域地理的认识。史称,张骞出使西域后,皇帝也屡询西域情况,鼓励去西域探险,一时"使者相望于道,一岁中多至十余辈","一辈大者数百,少者百余人"。②贯通中亚的"丝绸之路"也由此打开。东汉和帝时,西域都护班超派遣副使甘英出使大秦(罗马帝国),途经十余国,抵条支(今两河流域),遥望大秦,未渡海而返,往返三万八千多里,这是汉代人所到的葱岭(帕米尔高原)以西最远距离。而南方的开拓始于东汉永宁熹年间,由日南(今越南中部)以海道通天竺(古印度)大秦:"大秦王安敦遣使自日南徼外献象

---

① 无名氏:《神异经》(扫叶山房百子全书本),杭州:浙江人民出版社,2013年,第254页。
② (汉)班固:《汉书》,北京:中华书局,2005年,第1572页。

牙、犀角、瑇瑁,始乃一通焉。其所表贡,并无珍异,疑传者过焉。"①这就是汉代所知世界范围——这个世界已经大大超越了之前的六国范围。这个无比开阔的世界无疑极大地刺激了汉代的文人,使其对世界充满了热情和好奇心,因此汉代的地理学有了很大的发展,于是产生了一大批有关地理方面的著作:《史记·河渠书》《汉书·地理志》《水经》《洛书》《河图括地象》《括地图》《遁甲开山图》等。

二是汉代崇尚博学。对博学知识的推崇,可以溯及孔子。《论语·阳货》:"《诗》多识于鸟兽草木之名。"《诗》在儒家看来,更多的是关乎经国大业,而这里却肯定了《诗》中的植物学、动物学知识,也就说明博学知识的重要性。这种思想,经过孔门弟子的宣扬,"博学"逐渐积淀为秦汉以后封建儒士的必备知识素养。同时,随着汉代文人在空间领域的不断拓展,边缘之地、方外之国的奇禽异兽愈加丰富,也需要文人有更丰富的知识去把握世界。如"孝武皇帝时尝有献异鸟者,饲之百物皆不肯食。东方朔见之,言其鸟名,又言其所当食。如朔言"。再如"孝宣皇帝时,击磻石于上郡,陷得石室,其中有反缚盗械人。时臣秀父向为谏议大夫,言此贰负之臣也"。这样一些多识"鸟兽草木之名"的行为,获得最高当权者的赞叹,无疑会促进更多的人去获取"博学"的知识。如果说西汉的文人还只是沉湎于多多掌握"草木鸟兽之名"的话,东汉儒士则将"博学"作为打破思想藩篱的工具,在更大程度上拓宽了儒士的视野。自武帝罢黜百家、独尊儒术后,立为官学的今文经学逐渐成为利禄工具,并走向烦琐支离和谶纬迷信,又固守一经,门户森严,严重束缚了士人的思想,班固指斥为:"古之学者耕且养,三年而通一艺,存其大体,玩经文而已,是故用日少而畜德多,三十而五经立也。后世经传既已乖离,博学者又不思多闻阙疑之义,而务碎义逃难,便辞巧说,破坏形体;说五字之文,至于二三万言。后进弥以驰逐,故幼童而守一艺,白首而后能言;安其所习,毁所不见,终以自蔽。"②在这样的学风之下,士人皓首穷经,

---

① (南朝宋)范晔:《后汉书》,北京:中华书局,2005年,第1794页。
② (汉)班固:《汉书》,北京:中华书局,2005年,第1365页。

无暇他顾,学术视野的狭窄也就可想而知了。今文经学文字上繁辞巧说、思想上趋于保守的倾向遂引起知识阶层的不满与批判,此前多在民间传承的古文经学逐渐引起更多学者的关注,到东汉便出现了系列古文经学大家,如桓谭、马融、蔡邕、郑玄等。与今文家相比,古文家多不专注一经,讲究博学融通。如经学史上集大成者郑玄博采今古,遍注群经,其中尤以《三礼》注为代表,《三礼》本就是有关古代政治、经济、军事、文化、风俗等方面的百科全书,因此"博学"在东汉已成为衡量和评价一个儒士非常重要的指标。

二、信仰的世俗化

两汉时期,《山海经》中初民认识世界的原始方式色彩逐步消褪,那种充满原始恐惧色彩且极具神性的半人半兽造型也进一步失去了威严的面目,逐步被现实生存的多种价值取向所代替。李泽厚先生说:"汉代艺术中的神仙观念又毕竟不同于远古图腾,也区别于青铜饕餮,它们不具有现实中的威吓权势,毋宁带着更浓厚的主观愿望的色彩,即是说,这个神仙世界已不是原始艺术中那种具有现实作用的力量,毋宁只具有想象意愿的力量。"[①]试以下文为例:

> 《东荒经》:东荒山中,有大石室,东王公居焉,长一丈,头发皓白,人形鸟面而虎尾,载一黑熊,左右顾望,恒与一玉女投壶。每投千二百矫,设有入不出者,天为之嘘嘻(华曰:叹也);矫出而脱误不接者(言失之),天为之笑(华云:言笑者,天□流火焰灼。今天下不雨而有电光,是天笑也)。[②]

这一段描写了汉代的一种游戏——投壶。投壶游戏是在贵族和民众中

[①] 李泽厚:《美学三书·美的历程》,天津:天津社会科学院出版社,2003年,第67页。
[②] 无名氏:《神异经》(扫叶山房百子全书本),杭州:浙江人民出版社,2013年,第245页。

开展得非常普及的一项运动。汉代无名氏乐府古词中的"东厨具肴膳,椎牛烹猪羊。主人前进酒,弹瑟为清商。投壶对弹棋,博奕并复行",生动描绘了汉代贵族饮酒与投壶的盛大场面。不仅如此,投壶也是民众喜闻乐见的自娱活动。左思在《吴都赋》中描写汉代吴都民众的游戏:"里谯巷饮,飞觞举白。翘关扛鼎,拼射壶博。"说明地处南方的吴地,里巷宴饮中的娱乐生活也有投壶游戏,足以表明在汉代此项活动的普及率是很高的。

《神异经》中东王公和玉女投壶时,"天"对中与不中的不同表情,非常传神地写出了生活中人们对某些竞技项目的强烈好奇心和对此未加掩饰的情绪变化。和《山海经》中诸神故事相比,本篇明显显示出"神话由神怪而向人间过渡的社会化趋势"①。世俗性还体现在对于神怪的造型设计上:

> 《西南荒经》:西南大荒中有人,长一丈,腹围九尺。践龟蛇,戴朱鸟,左手凭白虎,知河海水斗斛,识山石多少,知天下鸟兽言语。土地上人民所道,知百谷可食,识草木咸苦,名曰圣,一名哲,一名贤(俗曰先知)。一名无不达。凡人见而拜之,令人神智。此人为天下圣人也,一名先通。②

这则材料看似和《山海经》中的记载很相像,如:"有人珥两青蛇,乘两龙,名曰夏后开(启)。"两个神的附属物都包括蛇和龙,其实包含的寓意却大不相同。后者,张光直认为带有很强的巫术的色彩:"《山海经》里还有许多'珥蛇''操蛇'的说法,就是描写各地的巫师将帮忙的动物用两手牵握操纵或戴佩在耳上","这些个神,都是与蛇合为一体的,有的在耳边,有的在手中,有的在足下,无疑都是他们作法登天的工具"。③前者则描写了"四灵"。"四灵"亦称"四兽""四象""四神"等。现在通常所指的四灵一般认为来源于

---

① 黄霖:《古代小说鉴赏辞典》,上海:上海辞书出版社,2004年,第41页。
② 无名氏:《神异经》(扫叶山房百子全书本),杭州:浙江人民出版社,2013年,第249页。
③ 张光直:《中国青铜时代》,北京:生活·读书·新知三联书店,1983年,第333页。

原始社会的图腾崇拜,属于原始人的自然崇拜。之后我国先民"为古代农业生产的发展,需要准确地观察天象以制定科学的历法,由此而产生了分成东、西、南、北四个区域的周天二十八宿"①,继而又将天空分成四个区域,并且以四方来命名,依次名为东宫、南宫、西宫、北宫,合称四宫。人们再用熟知的青龙、朱雀、白虎、玄武来一一对应,四神形象由此而产生。但这"四神"形象在不同时期略有不同。如《礼记·礼运》称:麟、凤、龟、龙,为"四灵"。西汉末年的《礼纬·稽命》则将龙、凤、麟、白虎、龟合称为"五灵"。需要指出的是,"四灵"中龟蛇相交的"玄武",有人认为,所谓"龟与蛇交曰玄武"只是表面的看法,《楚辞·远游》洪兴祖补注:"玄武,谓龟蛇。位在北方,故曰玄;身有鳞甲,故曰武。……龟与蛇交,曰玄武。"②"武帝时期,随着茂陵附近龟咬蛇、蛇缠龟形象的出现,也就正式确立了玄武龟蛇合体的形式,并成为此后玄武形象的主流。"③汉代人崇拜四灵,将四灵刻在很多地方:

在画像石、壁画墓、帛画、铜镜、瓦当、印章上经常能见到它们。之所以崇拜它们,并不是因为它们能代表天上星宿,对此,老百姓并不感兴趣。真正的原因在于四灵被赋予了一些与百姓生活密切相关的功能。④

具体来说主要有三个功能:作为门户守护神;接引死者升天的使者;吉祥如意的象征。⑤上述功能都和民众的世俗生活息息相关。因此,《神异经》中四灵的形象实际上是"神性化"的人,也就是使人具有神的某些特性,如形貌、超人的能力等。看似是"神话",实则是体现了汉代信仰日益世俗化、功

---

① 宋明亮等:《从传统"四灵"看吉祥文化意识观》,《艺术·生活》2006年第1期。
② (宋)洪兴祖:《楚辞补注》,北京:中华书局,1983年,第171页。
③ 倪润安:《论两汉四灵的源流》,《中原文物》1999年第1期。
④ 贾艳红:《汉代的四灵信仰——从天之四宫到住宅(墓门)守护神》,《济南大学学报》2003年第1期。
⑤ 贾艳红:《汉代的四灵信仰——从天之四宫到住宅(墓门)守护神》,《济南大学学报》(社会科学版)2003年第1期。

利化的表现。汉代"四灵"的崇拜体现在很多方面,通过地下的出土文物可知在瓦当、配饰、铜镜等多种物件上都可以看到"四灵"的图案。这样的神灵形象更接近人们的世俗生活,更容易被普通民众所认同;反之,人们也更乐意去接近这样的神灵,以至于祈福避祸——这一信仰在民间是具有强大的生命力的。这种世俗化还体现在对于一些神物的改造,如扶桑在《神异经》中是被这样描述的:

《东荒经》:东方有树焉,高八十丈,敷张自铺。其叶长一丈,广六七尺,其名曰扶桑。其上自有蚕,作茧长三尺,缫一茧,得丝一斤。有椹焉,长三尺五寸,围如长。①

扶桑本是上古神话中太阳栖息的地方。《山海经·海外东经》云:"汤谷上有扶桑,十日所浴",《淮南子·天文训》亦云:"日出于旸谷,浴于咸池,拂于扶桑"。《楚辞·东君》:"暾将出兮东方,照吾槛兮扶桑。"(王逸注:"扶桑,日所拂木也。")《说文》云:"榑桑,神木,日所出。"古人因其科技水平低下,对天体的运行会从已有的日常经验作简单的类比式的推演。因而神话往往会有真实的内核,此处的"扶桑"神木和古代蚕桑文化有关,"桑树进入太阳神话,是该部族蚕业文化发达的标志"②。因此,扶桑神话的产生原本就和桑树有直接的关联,何新指出:扶桑作空桑,空训为"大",又作榑桑,榑亦训为"大",故扶桑即大桑。③但作为神树的扶桑在此之前往往是和太阳崇拜,或者后羿关联在一起,但在《神异经》中已经丝毫也看不到原本有关联的太阳和后羿,只是描写其形态的巨大,并且完全生活化地强调它所生产大得超乎寻常的蚕茧和桑葚,而蚕茧和桑葚与世俗社会关系极大。也就是说《神异经》的作者不再带有好奇的眼光去解读太阳乃至宇宙,而是将其视角聚焦在

---

① 无名氏:《神异经》(扫叶山房百子全书本),杭州:浙江人民出版社,2013年,第245页。
② 黄新生:《释"扶桑"》,《东南文化》1990年第3期。
③ 何新:《诸神的起源》,北京:生活·读书·新知三联书店,1986年。

世俗的社会生活中,这也是《神异经》和《山海经》在思想观念层面上最大的差别。它反映的是上古神性的堕落,随着世俗生活、人的现实欲望的全面切入,上古神灵形象由宗教教义象征向世俗文化象征过渡的趋势。

三、思想行为方士化

方士就是方术士,或称为有方之士,用现在的话说,就是持有方术的人。一般简称为方士或术士。宋玉《高唐赋》称其为"有方之士",《史记·始皇本纪》中秦始皇说:"悉召文学、方术士甚众。"方士的思想核心是追求长生,认为服食、淫祀可以成为神仙。司马迁说他们是"形解销化,依于鬼神之事"。班固将他们叫作"神仙家",《汉书·艺文志》说:"神仙者,所以保性命之真,而游求于其外者也,聊以荡意平心,同死生之域,而无怵惕于胸中。"[1]李零认为方士就是擅长方术的人:"方士,也叫'方术之士',这种人是以擅长'方术'为特点。他们同好几类人都既有交叉又有区别。"[2]在《神异经》中方士的思想行为体现在以下几个方面:

1. 多途径的成仙方式

(1) 服食丹药

服食为秦汉方士的重要技术流派,是指服用内丹以求延年益寿或长生不老。这一成仙方式来自古人对于"药物"功能的无限放大,"在古人看来,服用药物既然可以治病和防病,可以使人不病,那就可以延年;而药物品质有高低,药效特殊的药物,它的延年效果自然比常见的普通药物要大得多;因此寻找到一种具有特殊功效的药物,就能使人寿命无限延长,甚至长生不死了"[3]。服食在秦汉时很盛行,反映出先民希望永葆生命的渴望。和《山海

---

[1] (汉)班固:《汉书》,北京:中华书局,2005年,第1397页。
[2] 李零:《中国方术续考》,北京:东方出版社,2000年,第97页。
[3] 盖建民:《全真道与中国传统医学稽考》,《道家文化研究》2007年第9期。

经》中不同的是《神异经》中几乎没有提到任何有关服食成仙的方法,而在《山海经》中却有大量的通过服食治病、长生的案例。如《山海经·南山经》:"又东三百里曰柢山,多水,无草木。有鱼焉,其状如牛,陵居,蛇尾有翼,其羽在魼下,其音如留牛,其名曰鯥,冬死而夏生,食之无肿疾。"再如《中山经》:"又东三十里曰大騩之山,有草焉,其状如蓍而毛,青华而白实,其名曰䔄,服之不夭,可以为腹病。"大致有两个原因:首先是丹药,作为服食的主要方式,又称"黄白""神丹",并不是纯天然物品,而是需要借助特殊药物及炼制手段才能得到。而《山海经》中的服食成仙的方式完全是一种想象式,材料都是天然的,既不具备后世复杂的提炼过程,也没有经过论证的可行性。这是因为《山海经》反映的是远古时期的原始思维、原始宗教思想。它当中的"长生"或者"不死"只是原始人在本能的对死亡的恐惧和对生的渴望中产生了一种坚定的信念,以此对抗对死亡的恐惧。

其次,如前所论,《神异经》大致成书于西汉中晚期,而服食成仙的方式在这一时期并不十分流行。因为在西汉时期服食药物成本较高,丹药的炼制需要大量的财力、物力,一般普通百姓是负担不起的。因而,西汉时期服食丹药的主要践行者大都是以帝王、诸侯王等为代表的皇室贵族。东汉中晚期之后,服食药物的种类拓宽到一些价格更为便宜的草药,服食成本大大降低,因而消费服食的人群也不再限于皇室贵族,普通百姓也开始纷纷效仿。

(2) 房中术

古人关乎房中之事的讨论由来已久,《孟子·告子上》:"食、色,性也。"说明房事和吃饭一样,是人的本性,关乎人的身心健康。秦汉时期的方士,提倡通过种种手段苦练修行,达到健康长寿、羽化成仙的目的。这里的手段包括服药、导引、房中术等,一般认为房中术和"内丹"修炼有关。"只有'内丹'炼成,才有可能'成仙'。而'内丹'的修炼方法,也出现了两个完全不同的流派,即'清修派'和'双修派'。'清修派'认为,必须根除欲求,断绝女色,然后才能清心寡欲、静心炼'丹';而'双修派'则反其道而行之,认为只有在男女同修的时候做到'交而不泄',才能'黄河逆转'(精液倒流、上行至脑)、

'还精补脑',并因为男女双修而达到'互补',即'男采女精'、'女采男精',只有这样'阴阳平衡',才能有利于'内丹'的早日'炼成'。就这样,神秘的道家'房中术'诞生了。"①《神异经》中虽没有明言房中术,但仍有线索可循,管中窥豹,可见一斑。《中荒经》云:"男女无为匹配,而仙道自成。"这句是说,男女没有经过交合,却得以位列仙班。话语中对于没有交合就成仙的模式明显带有惊叹的口吻。由此也透露出,男女匹配成仙应当是更加常规的成仙模式,要不然作者在叙述过程中不会流露出如此的艳羡心理。

(3) 辟谷

辟谷至少在先秦之时便已存在,《庄子·逍遥游》云:"藐姑射之山,有神人居焉,肌肤若冰雪,淖约若处子。不食五谷,吸风饮露,乘云气,御飞龙,而游乎四海之外。""神人"能够"不食五谷,吸风饮露"而飘乎天地之间。辟谷的理论依据是古人认为五谷消化之后产生的污秽有害于人体健康。《大戴礼记·易本命》说:"食肉者勇敢而悍,食谷者智惠而巧,食气者神明而寿,不食者不死而神。"《黄庭内景经》云:"百谷之实土地精,五味外美邪魔腥,臭乱神明胎气零,那能返老得还婴?"②在汉代辟谷是常见的修炼手段,如武帝时期著名的方士李少君就很擅长辟谷,《论衡·道虚篇》:"如武帝之时,有李少君,以祠灶、辟谷、却老方见上。"大概因为辟谷成本较低,并且容易操作,所以在诸多修炼方式中应该是最为流行的。这一成仙的手段在《神异经》中出现的频次是较高的:《东南荒经》:"不饮不食,不畏寒暑,唯饮天露。"《西北荒经》:"但日饮天酒五斗,不食五谷鱼肉,唯饮天酒。忽有饥时,向天仍饮。"

2. 阴阳五行思想

所谓阴阳,是以阴阳二元素的交感变化来说明自然界和生命万物的变化规律。这一理论在春秋时期已初具雏形,至战国时期得到迅速发展。这种思维模式把天地万物人类社会都看成阴阳对立的两个方面,阴与阳的对

---

① 陈虎、詹素娟:《道教与房中术》,《寻根》2007年第3期。
② 无名氏:《黄庭内景经》,(道藏辑要本)。

立、统一促成万事万物的诞生和发展变化。马王堆帛书云:"凡论必以阴阳大义。天阳地阴,春阳秋阴,夏阳冬阴,昼阳夜阴。……主阳臣阴,上阳下阴,男阳(女阴)……"①

"五行说"则认为世上所有的物质都是由金、木、水、火、土五种最基本的元素构成的,这五种元素是按一定规律相生、相克产生世间万物,而万物又在相生、相克过程中发展、变化。《尚书·洪范》载:"五行,一曰水,二曰火,三曰木,四曰金,五曰土。"《国语·郑语》云:"夫和实生物,同则不继。以他平他谓之和,故能丰长而物归之;若以同裨同,尽乃弃矣。故先王以土与金木水火杂,以成百物。"在汉代阴阳五行的思想主宰着汉代民众的思想意识,大到宇宙的运行,下到人体五脏六腑的功用,都可以用阴阳五行理论来解释。顾颉刚先生曾指出:"汉代人的思想的骨干,是阴阳五行。无论在宗教上、在政治上、在学术上,没有不用这套方式的……其结果,有阴阳之说以统辖天地、昼夜、男女等自然现象,以及尊卑、动静、刚柔等抽象观念;有五行之说,以木、火、土、金、水五种物质与其作用统辖时令、方向、神灵、音律、服色、食物、臭味、道德等,以至于帝王的系统和国家的制度。"②《神异经》在吸纳《山海经》诸要素的同时,也多处体现了阴阳五行的思想:

(1) 五方、五色宫殿

《中荒经》:东方有宫,青石为墙,高三仞,左右阙高百尺。画以五色,门有银榜,以青石碧镂,题曰:天地长男之宫。西方有宫,白石为墙,五色玄黄,门有金榜而银镂,题曰:天地少女之宫。中央有宫,以金为墙,门有金榜以银镂,题曰:天皇之宫。南方有宫,以赤石为墙,赤铜为门阙,有银榜,题曰:天皇中女之宫。北方有宫,以黑石为墙,题曰:天地中男之宫。东南有宫,以黄石为墙,黄榜碧镂,题曰:天地少男之宫。西北有宫,黄铜为墙,题曰:地皇之宫。

---

① 陈鼓应:《黄帝四经今注今译》,北京:商务印书馆,2007年,第394页。
② 顾颉刚:《秦汉的方士与儒生》,上海:上海古籍出版社,2005年,第1页。

第四章 《神异经》对《山海经》的接受：谶纬信仰下的改造

《中荒经》：东方裔外有东明山，以青石为墙。西方裔外有大夏山，以金为墙。南方裔外有冈明山，以赤石为墙。西南裔外老寿山，以黄铜为墙。东南裔外阆清山，以青石为墙。西北裔外西明山，以白石为墙。皆有宫。（盖神仙之宅也。）①

在这里，"四方"的基础上增加"中心方位"，由此产生"东、西、南、北、中"五个方位。其中以"中"作为最尊贵的位置，统摄四方。我们在《礼记》《吕氏春秋》《淮南子》等书中，都可以看到一个完整的五方系统，这种观念是汉代大一统思想的集中反映。进而产生的尚"中"哲学，与之配套的是以"五"为核心的传统文化，在我国古代哲学思想中产生了深远的影响。五方的名目都见于《山海经》，但却散落在诸经之中，未被整合为一个严格的系统。在《神异经》中还配上了"五色"。"五方"与"五色"的配合在《周礼·考工记》中就有："画缋之事：杂五色。东方谓之青，南方谓之赤，西方谓之白，北方谓之黑，天谓之玄，地谓之黄。"②《神异经》继承了这一说法，东——青色——长男、西——白色——少女、中——金（黄）——天皇、南——赤（红）——天皇中女、北——黑——天地中男、东南——黄——天地少男、西北——黄——地皇。

此外，《神异经》中"天皇""地皇"的说法源自"三皇"。"三皇"这一说法在先秦时期已经出现，但并未指明"三皇"者具体指代何人。《史记·秦始皇本纪》载秦李斯议尊号时，提到"古有天皇，有地皇，有泰皇，泰皇最贵"。到了两汉之际所出的纬书《洛书灵准听》定为天皇、地皇、人皇。很明显《神异经》中"天皇、天地、地皇"这三个称谓是受到了谶纬思想的影响。

（2）东王公配祀西王母

《神异经》是较早记载东王公的文献，《中荒经》曰："昆仑之山，有铜柱焉，其高入天……仙人九府治之。上有大鸟，名曰希有。南向。张左翼覆东

---

① 无名氏：《神异经》（扫叶山房百子全书本），杭州：浙江人民出版社，2013年，第254页。
② 吕友仁：《周礼译注》，郑州：中州古籍出版社，2004年，第590页。

王公,右翼覆西王母。背上小处无羽,一万九千里。西王母岁登翼上,会东王公也。"①在当时民间高涨的西王母崇拜情绪中,西王母与东王公时常被一起奉祀。一般认为,东王公的出现是汉代阴阳学说主导下的产物,即为一种二元思维模式。如同巫鸿所说:"汉宇宙哲学认为阴与阳是两股极端对立的力量,它们在无数成双成对的力量平衡中来显示自身,如东与西、男与女、兽与禽、天与地、日与月等等。"②汉代学者认为阴阳之间既相生相伴,又注重阴阳之间的对立转化。阴阳学说对汉代政治生态的建构起到了重要的作用。

《山海经》中西王母是一位地处西方荒凉之野的女神,属于阴性,但西王母虽有逍遥自得之乐,却也显得落寞与"不对称",这在汉代思想家看来是极不协调的。按照汉代阴阳观念,理所当然需要一位阳性神灵与之相配。正是这种思维模式作用下逐渐出现了东王公:"作为阴阳两方面的象征,雕刻在东汉初期祠堂内的西王母和箕星联系在一起的形象并不完美。这两尊神除了与西和东两个方位有关之外,彼此之间既无内在联系也不对应。于是一尊新神——东王公登场亮相。甚至他的称谓都与西王母构成完美的平衡对应,从而揭示他存在的合理性。"③以此观照汉代东王公与西王母,不仅两位神祇的命名符合阴阳学说,他们在画像上的位置也因此大致遵循:或东或西、或左或右。如汉代铜镜铭文中"东王公西王母,青龙在左,白虎居右"出现的频率是颇高的。

(3) 玉女的形象

玉女最初是对凡间少女的美称。《礼记·祭统》记载,向人之女求婚称该女为玉女,其曰:"请君之玉女,与寡人共有敝邑,事宗庙社稷。"注曰:"言玉女者,美言之也。君子于玉比德焉。"④亦即指容貌艳丽之美女。玉女在汉代即被奉为神。《汉书·郊祀志》记载汉宣帝曾立仙人、玉女等祠:"京师近

---

① 无名氏:《神异经》(扫叶山房百子全书本),杭州:浙江人民出版社,2013年,第252页。
② 巫鸿:《"阴阳理论"与汉代西王母东王公形象的塑造》,《西北美术》1997年第3期。
③ 巫鸿:《"阴阳理论"与汉代西王母东王公形象的塑造》,《西北美术》1997年第3期。
④ (清)阮元:《十三经注疏》,北京:中华书局,1980年,第1602页。

县鄠,则有劳谷、五床山、日月、五帝、仙人、玉女祠。"①《神异经》中两次出现了玉女的形象:

> 《东荒经》:东荒山中有大石室,东王公居焉。长一丈,头发皓白,人形鸟面而虎尾,载一黑熊,左右顾望,恒与一玉女投壶。②

> 《中荒经》:昆仑之山有铜柱焉,其高入天,所谓天柱也。围三千里,周圆如削。下有回屋,方百丈,仙人九府治之……九府玉童玉女,与天地同休息,男女无为匹配,而仙道自成。③

投壶是古代士大夫常见的休闲娱乐活动,玉女能与东王公对垒,说明玉女对此项活动一定比较熟悉,充满了普通人的气息。第二则引文中,玉女与玉童相对并出,意义却相反相成。童,指未成年男子,玉女当指少女。"与天地同休息,男女无为匹配,而仙道自成"云云,则明确交代玉女具有长生不老的仙家身份,成仙方式也和"房中术"无关,暗含着作者对于"房中术"的否定。

(4) 生殖与自然崇拜

> 《东南荒经》:东南隅太荒之中,有朴父焉。夫妇并高千里,腹围自辅。天初立时,使其夫妻导开百川,懒不用意。谪之,并立东南。男露其势,女露其牝。不饮不食,不畏寒暑,唯饮天露。须黄河清,当复使其夫妇导护百川。古者初立,此人开导河,河或深或浅,或隘或塞,故禹更治,使其水不壅。④ 天责其夫妻倚而立之,若黄河清者,则河海绝流,水自清矣。

---

① (汉)班固:《汉书》,北京:中华书局,2005年,第1035页。
② 无名氏:《神异经》(扫叶山房百子全书本),杭州:浙江人民出版社,2013年,第245页。
③ 无名氏:《神异经》(扫叶山房百子全书本),杭州:浙江人民出版社,2013年,第253页。
④ 无名氏:《神异经》(扫叶山房百子全书本),杭州:浙江人民出版社,2013年,第243页。

这个故事的情节非常有趣,未见其他任何典籍,应是作者的首创。李剑国认为这是"模仿古神话,是对黄河水患的神话式解释"[①],"模仿"倒是确实,但需要指明的是作者在刻意模仿的同时,还是嵌入了时代的气息,这对饮天露而活的夫妇,作者对于其外形未及其他,只是强调"男露其势,女露其牝"。其中的寓意有两层:

① 生殖崇拜

对于生殖器的崇拜,可以追溯至老子的《道德经》,曰:"谷神不死,实为牝牡;牝牡之门,是谓天地根",明确地指出人类的繁衍在于"男根"与"女阴",阴阳化成了整个世界,男女之间的交配乃是自然界中阴阳交合的一种集中表现。这在内蒙古阴山古岩画中也可以得到印证,壁画中可见到男女生殖器、乳房等部位夸张、变形的表现,如一持弓的男性猎人,生殖器硕大无比,比例明显和身体不符,显然是对男性阳刚力量的溢美,更是对强大生殖能力的膜拜。有汉一代,在道家思想和神仙方术的基础上发展起来的道教,追求长生不老,期望通过服外丹、导引、房中术等修炼方法达到羽化成仙的目的。其中房中术提出了"乐而有节"的原则,肯定了男女之间性活动的合理性、科学性。据《汉书·艺文志》记载就有房中八家,著作186卷,可见汉代的房中术非常流行。因此,在世俗生活中民众对待性的态度也是比较开明的,裸体造型也就不足为怪了。如20世纪80年代,在河北石家庄市西北郊小安舍村发现两尊裸体男女石像,除头上的冠帻和腰中的带饰外,未着其他衣饰,且清楚地刻出了两性生殖器官。

② 自然崇拜

道教在理论上吸收了道家思想,崇尚自然,提倡人和自然融为一体。一切外在的东西都是羁绊和束缚,包括衣服。他们的裸体行为就可以理解为外在的身体与自然的亲密交融,在道教看来,个体的发肤身体只不过是宇宙天地的组成部分。不着衣服,是为了更加彻底地除去枷锁,投入自然的怀抱,寓意着绝对的自由,诚如庄子所云"乘六气之辨,以游于无穷"。在这个

---

① 李剑国、陈洪:《中国小说通史·先唐卷》,北京:高等教育出版社,2007年,第128页。

意义上，裸体在汉代人的认识中带有宗教的意味。在出土的画像石中我们经常可以见到裸体的仙人，南溪县长顺坡砖室墓3号石棺上栏左侧有7人，边上为两裸体仙人，跪坐对弈。再如川西平原出土的西王母仙境画像砖，其画面左侧站立一仙人。裸体，双手持桨戟。郭县新胜2号砖室墓出土的2号石棺，画面为两裸体仙人在奕六博棋，其中一仙人背生羽翼。

因此，在"罢黜百家、独尊儒术"的大背景之下，让这样一对暴露生殖器的夫妇高立于黄河边，一方面，是属于上古生殖崇拜的遗存，充满对强大生殖力的讴歌，其主旨是期冀子孙繁衍兴旺、瓜瓞绵绵。另一方面，这其中也不乏道教和巫术色彩，其主要目的是借助两性交配来达致益寿延年，进而实现度世成仙的愿望。

（5）"昆仑"的变迁

较之《山海经》《淮南子》，《神异经》中的昆仑有了新的变化。《神异经·中荒经》中是这样描述昆仑的：

> 《中荒经》：昆仑之山有铜柱焉，其高入天，所谓天柱也。围三千里，圆周如削。下有回屋，方百丈，仙人九府治之。上有大鸟，名曰希有。南向，张左翼覆东王公，右翼覆西王母。背上小处无羽，一万九千里。西王母岁登翼上，会东王公也。故其《柱铭》曰：昆仑铜柱，其高入天。员周妃削，肤体美焉。其《鸟铭》曰：有鸟希有，碌赤煌煌。不鸣不食，东覆东王公，西覆西王母。王母欲东，登之自通。阴阳相须，唯会益工。①

《神异经》中昆仑山是在《中荒经》，根据《神异经》的地理顺序，《中荒经》描述的方位是居于中央。这和汉代纬书《河图括地象》的记载是一样的，曰："昆仑者，地之中也。下有八柱，柱广三十万里，有三千六百轴，互相牵制，名山大川孔穴相通。"

---

① 无名氏：《神异经》（扫叶山房百子全书本），杭州：浙江人民出版社，2013年，第253页。

① 昆仑位置

昆仑神话和蓬莱神话是中国早期著名的两大神话体系。在早期的神话传说中,昆仑位处西北,是实惟帝之下都。据《山海经》记载,昆仑位于西北部,《海内西经》:"海内昆仑之虚,在西北,帝之下都。"在《淮南子·时则训》中昆仑仍地处西方:"中央之极,自昆仑东绝两恒山,日月之所道,江汉之所出。"昆仑位于中央之极与西方之极之间,依然是整个天下的西北部。

但随着人们视野的开阔和大一统思想日益形成,昆仑逐渐成为天下之中。汉代纬书《尚书纬》曰:"北斗居天之中,当昆仑之上。"昆仑的地望由西北变为"地中",在于两个社会背景:其一,正如顾颉刚先生所言:"这是因为作书的人是中国人,从中国的立场看来,昆仑当然在西北。但在这个传说发生地方的人们的心中,无疑地把昆仑区当作世界的中心。这是两种看法的并存,各不相妨。"①当然,顾颉刚是基于《山海经》的作者是西北人。蒙文通先生虽然不认可《山海经》的作者是西北人,但也指出古人观照世界的视角往往受到自身因素的影响:"用东、南、西、北等方位词来记载。但这种记载方法对一定具体地区说来,都只能是相对的,是随着观察者所采用的基准点而有所不同的。"②也就是古人从空间直观上,往往以自己为中心,把其所处的区域转换成空间上的起点,并以此形式辐射开去。因而,我们认为在《神异经》时期,之所以将昆仑放置在天下之中,是因为汉代对西域乃至昆仑山脉的认知过程由缥缈传说到相对熟悉,在此过程中汉代文人在神仙方术思想指导下,赋予昆仑更多神异的色彩,他们越来越乐意将昆仑设置为天下的中心,这样才能匹配昆仑在神仙世界的举足轻重的地位——显然汉代文人在对昆仑的认知过程中受到了他们自身视角的影响。其二,与汉代崇尚的太一神有关。在《山海经》中昆仑就是"帝之下都",这里的"帝",就是天帝,但并不具有最高级别。汉武帝听取方士们的建议始奉太一神为最高天帝统摄诸神,这明显与他期盼长生不老的求仙活动息息相关。神山昆仑与

---

① 顾颉刚:《古史辨自序》,石家庄:河北教育出版社,2001年,第18页。
② 蒙文通:《巴蜀古史论述》,成都:四川人民出版社,2019年,第172页。

天地中心的太一都有沟通天地的功能,太一逐渐成为昆仑的主人。《汉书·王莽传》引《紫阁图》云:"太一、黄帝皆仙上天,张乐昆仑虔山之上。"随之,昆仑也成为天下之中心。《汉书·郊祀志》云:"五帝,泰一之佐也,宜立泰一而上亲郊之。"太一居于天之中心,五帝环居太一下,以太一之祀容摄五帝之祀。太一从战国时期普通的天神一跃成为凌驾于五帝之上的宇宙中心,昆仑也由西方移居天地之中央。

② 天柱

《山海经》中并没有明确的"天柱"概念,只是在《淮南子》中提到有"建木":"建木在都广,众帝所自上下,日中无景,呼而无响,盖天地之中也。"在此,"建木"成为可以沟通上天的神树,居于天地之中心,众帝在天地之间往来,而建木便成为神上天下地、沟通天地的枢纽,"建木"被赋予神话因素。《神异经》及以后的纬书,受此说的影响,结合两汉神仙方术思想,进一步将昆仑与建木混合,直接就让昆仑山本身成"天柱",凡人很难到达。《神异经》云:"昆仑有铜柱焉,其高入天,所谓天柱也。围三千里,周员如削。下有仙人九府治之,与天地同休息。其柱铭曰:昆仑铜柱,其高入天。周员如削,肤体美焉。"如此,昆仑则成为求仙方士得道成仙之地,方士们说昆仑山上立有通天之神柱,这是联系神人之间的交通工具。从以上分析可以看出,纬书中的昆仑多具有神仙信仰意味,代表着上下往来于人间天上,所以"天柱"更多表示"升天"的方式,即希望成仙的人,达到天梯的顶端时,即可进入天国——不再是《山海经》《淮南子》等书中的神话化的昆仑。

(6) 巫术

《神异经》中的巫术主要体现在医学方面,马凌诺斯基说:"巫术应用最广的地方,也许就是人们忧乐所系的康健上,在初民社会中几乎一切有关于疾病的事都是靠巫术的。"[1]这样,巫与医便二任一身、合二为一了。这一点也可以在《汉书·艺文志》中找到佐证,在其"方技略"中,共列举了四种方技,而其中三种都与医学有关。中国的方士格外关注药物,他们无限放大药

---

[1] (英)马凌诺斯基:《文化论》,费孝通译,北京:华夏出版社,2002年,第55页。

物能治病的功能,希望能从中找出不死神药,药物逐步被赋予神奇的色彩。方士为了显示自己的神力,他们大多精心寻找、研制各式方药以去病免灾直至长生不死。因此《神异经》中有很多的药物学方面的知识:《东荒经》:"壳亦黄,其味甜,食之多令人短气而渴。"①《东南荒经》:"(栗)其子形如甘瓠,少觳。甘美,食之令人身泽。不可过三升,令人冥醉,半日乃醒。……(鲋鱼)其长八尺,食之宜暑而辟风寒。"②《南荒经》:"善行,市朝众中,遇之者投之厕中乃死,旱灾消。……促节多汁,甜如蜜,咋啮其汁,令人润泽。可以节蚘虫(《广记》引作蛇虫)。人腹中蚘虫,其状如蚓,此消谷虫也。多则伤人,少则谷不消。是甘蔗,能灭多益少,凡蔗亦然。"③这里分别记载了栗、甘蔗等的药用价值,大都符合今天我们掌握的这些植物的药用属性。

四、方士的儒生化

伴随着儒生的方士化是方士的儒生化,呈现出双向运动的轨线。这是因为在方士的卜筮求卦中,必须披着漂亮而"合法"的外衣才能更好地推销主张。其标准,当然是指儒家的忠孝伦理规范。由此,谶纬之学与儒家思想相辅相成,也就是说,要想长生、羽化成仙就不能只是炼丹服药,还要以道德修养为辅助。《抱朴子·对俗》中如是说:"欲求仙者,要当以忠孝和顺仁信为本。若德行不修,而但务方术,皆不得长生也。……积善事未满,虽服仙药,亦无益也。若不服仙药,并行好事,虽未便得仙,亦可无卒死之祸矣。"④夏曾佑在《中国古代史》中也有比较精辟的论述。他说:"盖汉儒之与方士,不可分矣。其所以然之故,因儒家尊君,君者,王者之所喜也;方士长生,生者,亦王者之所喜也。二者既同为王者之所喜,则其势必相妒,于是,各盗敌之长技,

---

① 无名氏:《神异经》(扫叶山房百子全书本),杭州:浙江人民出版社,2013年,第246页。
② 无名氏:《神异经》(扫叶山房百子全书本),杭州:浙江人民出版社,2013年,第274页。
③ 无名氏:《神异经》(扫叶山房百子全书本),杭州:浙江人民出版社,2013年,第248页。
④ (晋)葛洪:《抱朴子》,上海:上海书店出版社,1986年,第12页。

以谋独擅,而二家之糅合成焉。"①这就道出了两者糅合的必要性和可行性。

《神异经》的方士的道德化体现在神灵形象创造上表达善恶的标准。如《中荒经》关于不孝鸟的记载:

> 不孝鸟,状如人身,犬毛有齿,猪牙,额上有文,曰不孝;口下有文,曰不慈;背上有文,曰不道;左胁有文,曰爱夫;右胁有文,曰怜妇。故天立此异,畀以显忠孝也。②

这只"不孝鸟"处处都烙上道德的痕迹。脑门有"不孝"纹,这是对父母之爱,口下是对晚辈的慈爱。胁下是夫妻之间互敬互爱,分别是"爱夫"和"怜妇",而鼻子在五官中居中,文曰:"不道"。所谓不道,日本学者大庭修在《秦汉法制史研究》中指出"不道"的内容为:"汉代对'不道'罪的规定中未见确证的,有'恶逆''不孝''不睦''不义'和'内乱'等五种。这些在下列一点是共同的,即与天子、国家、社会无关,都是违背家族伦理,或师徒之道这样的个人道德。"③方士儒生化在当时已很普遍。王充《论衡·道虚》认为,黄帝骑龙上天、淮南王得道,举家升天,畜产皆仙等成仙方术,皆出之于"儒书"。不难看出,方士们用儒学装饰门面,所以才用"儒书"来命名。《后汉书·方术列传》所载方士,很多精通儒家经典,如"唐檀字子产……少游太学,习《京氏易》《韩诗》《颜氏春秋》","韩说字叔儒……博通五经,尤善图纬之学","董扶字茂安……少游太学,与乡人任安齐名,俱事同郡杨厚,学图谶"。汉人甚至直接就将方士称为儒士,《汉书·司马相如传》:"相如以为,列仙之儒,居山泽间。"所谓"列仙之儒"即求仙的方士。由此可知,汉代的方士与儒生已合为一流。因而,这时的方士文化便也与儒生崇奉的谶纬神学相互渗透,继而谶纬神学也成为早期道教的思想渊薮。

---

① 夏曾佑:《中国古代史》,上海:上海三联书店,1955年,第337页。
② 无名氏:《神异经》(扫叶山房百子全书本),杭州:浙江人民出版社,2013年,第255页。
③ (日)大庭脩:《秦汉法制史研究》,徐世虹等译,上海:上海人民出版社,1991年,第118页。

综上,较之《山海经》文本所具有的远古蛮荒气息,《神异经》则褪去了那种人类原始社会时期的认识色彩,于神人异物的描述中,间接反映出了汉代的社会思想和民众的情感愿望。并蕴含了神话、巫术、道德教化、阴阳五行等丰富的文化思想内涵,反映了时代精神与社会思潮。

第四节 "四凶"与"四恶"考辨

最早明确提出"四凶"这一说法的是《左传·文公十八年》:

> 昔帝鸿氏有不才子,掩义隐贼,好行凶德,丑类恶物,顽嚚不友,是与比周,天下之民谓之浑敦。少暤氏有不才子,毁信废忠,崇饰恶言,靖谮庸回,服谗蒐慝,以诬盛德,天下之民谓之穷奇。颛顼有不才子,不可教训,不知话言,告之则顽,舍之则嚚,傲很明德,以乱天常,天下之民谓之梼杌。此三族也,世济其凶,增其恶名,以至于尧,尧不能去。缙云氏有不才子,贪于饮食,冒于货贿,侵欲崇侈,不可盈厌,聚敛积实,不知纪极,不分孤寡,不恤穷匮,天下之民以比三凶,谓之饕餮。舜臣尧,宾于四门,流四凶族浑敦、穷奇、梼杌、饕餮,投诸四裔,以御魑魅。[①]

根据左氏记载,"四凶"就是因犯下罪行而被帝尧驱逐的四个氏族部落,它们的名称分别是:浑敦、穷奇、梼杌和饕餮。和"四凶"相类似的说法是"四罪",这一说法最早出现在《尚书·舜典》:

> 流共工于幽州,放驩兜于崇山,窜三苗于三危,殛鲧于羽山,四罪而天下咸服。[②]

---

① 李学勤主编:《十三经注疏·春秋左传正义》,北京:北京大学出版社,1999年,第580—583页。
② 周秉钧:《尚书译注》,长沙:岳麓书社,2001年,第8页。

《尚书》的记载较为简单,但也说明"四罪"为四个流放的部族首长,只是未说明共工等人遭流放的原因。在《史记·五帝本纪》中更是进一步将"四罪"描述为四个因为和中原政权作对而受谪罚,从而演变为四方的部族:

> 三苗在江淮、荆州数为乱。于是舜归而言于帝,请流共工于幽陵,以变北狄;放驩兜于崇山,以变南蛮;迁三苗于三危,以变西戎;殛鲧于羽山,以变东夷:四罪而天下咸服。①

《史记》还记载了"四凶":

> 昔帝鸿氏有不才子,掩义隐贼,好行凶慝,天下谓之浑沌。少暤氏有不才子,毁信恶忠,崇饰恶言,天下谓之穷奇。颛顼氏有不才子,不可教训,不知话言,天下谓之梼杌。此三族世忧之。至于尧,尧未能去。缙云氏有不才子,贪于饮食,冒于货贿,天下谓之饕餮。天下恶之,比之三凶。舜宾于四门,乃流四凶族,迁于四裔,以御螭魅,于是四门辟,言毋凶人也。②

《史记》中有关"四凶"的记载基本沿袭《左传》的说法。与《左传》一样,"四凶"和"四罪"两者之间存在着若隐若现的交集,但谨慎的太史公并没有清晰说明两者之间的关联,司马迁还在"太史公曰"部分有意撇开那些看似荒诞的记载:"而百家言黄帝,其文不雅驯,荐绅先生难言之。"这也就让我们无从知道"四凶"和"四罪"之间的对应关系及其背后的原因。

根据《尚书》的记载,驩兜、共工、鲧和三苗应是上古部族名。而通过《左传》中所谓的"天下之民谓之",这里的四个"不才子"应是根据某种特征或性

---

① (汉)司马迁:《史记》,北京:中华书局,2013 年,第 34 页。
② (汉)司马迁:《史记》,北京:中华书局,2013 年,第 43 页。

质另起的别名。因为根据《山海经》的记载,浑沌、穷奇、梼杌都是半人半兽的怪物,最初并非和部族名有关联。不难看出在《左传》中已经具备让两者兼容的必要元素:无论是"四凶"还是"四罪"都是被惩治的对象,而且都是被发配至四方,这就为后世将二者重合提供了必要条件。

最初将二者进行比对的应是东汉的服虔。服虔曾著《春秋左氏传解谊》一书,可惜已亡佚,幸运的是,唐人孔颖达《左传正义》中对《左氏解谊》尚有不少引录。服虔对此四个名称都有解释,其中浑敦、穷奇、饕餮皆用《山海经》的记载来作注脚,如"天下之民谓之浑敦"之下引《左氏传解谊》曰:"服虔用《山海经》,以为驩兜人面马喙,浑敦亦为兽名。"①而"梼杌"的名称,引了《神异经》作为案语,以说明梼杌的形状和特点:"服虔案《神异经》云:梼杌状似虎,毫长二尺,人面虎足,猪牙,尾长丈八尺,能斗不退。"②由此我们可以认为,至少在汉末服虔时期已经将"四凶"和"四罪"进行了直观上的类比,但和太史公一样,都未提及两者的内在联系。

这项工作是西晋杜预完成的,《春秋左传集解》明确指出"四凶"、"四罪"之间的"相似点":"浑敦"下注曰:"谓驩兜。浑敦,不开通之貌。"在"穷奇"下注曰:"谓共工。其行穷其好奇。"在"梼杌"下注曰:"谓鲧。梼杌,顽凶无俦匹之貌。"但在注"饕餮"时并未指明即三苗,只是说"贪财为饕,贪食为餮"。也就是说"四凶"中三凶完成对应关系,直至唐代孔颖达在为《尚书》作疏时用"以《书》《传》相考"的方法,"知三苗是饕餮也"。在为《左传》作疏时孔颖达更是指出两类事物之间实名和别名之间转换的原因:"此四凶者,浑敦、梼杌以状貌为之名;穷奇、饕餮以义理为之名。"③

根据上述梳理,可以得出这样的结论:"四罪"和"四凶"的说法本并不交集,只是在流传过程中人们将带有兽性的"四凶"用来比附"四罪",以达到更形象地说明"四罪"的丑陋罪行。与《史记》同时代的《神异经》也是将"四凶"

---

① 李学勤主编:《十三经注疏·春秋左传正义》,北京:北京大学出版社,1999年,第580页。
② 李学勤主编:《十三经注疏·春秋左传正义》,北京:北京大学出版社,1999年,第581页。
③ 李学勤主编:《十三经注疏·春秋左传正义》,北京:北京大学出版社,1999年,第581页。

和"四罪"并述。问题是在两汉时期已经出现"四罪"和"四凶"之间的带有暗示性的对应关系,为何还要详尽地描述"四凶"和"四罪"?对此,有必要先来比对《神异经》与《山海经》中有关"四凶"的表述(表3-6)。

表3-6 "四凶"与"四恶"材料之比较

四凶	《神异经》	《山海经》	共同点	四罪	《神异经》	《山海经》
浑敦	昆仑西有兽焉,其状如犬,长毛四足,似罴而无爪,有两目而不见,行不开。有两耳而不闻,有人知往。有腹无五脏,有肠直而不旋,食物径过。人有德行而往牴触之。有凶德则往依凭之。天使其然,名曰浑沌。(《西荒经》)	有神焉,其状如黄囊,赤如丹火,六足四翼,浑敦无面目,是识歌舞,实为帝江也。(《西山经》)	无面目	驩兜	南方有犬,人面鸟喙而有翼,手足扶翼而行,食海中鱼……一名驩兜。为人狠恶,不畏风雨,禽兽犯死乃休耳。(《南荒经》)	讙头国在其南。其为人人面有翼,鸟喙,方捕鱼。(《海外南经》)
穷奇	西北有兽焉,状似虎,有翼能飞,便剿食人。知人言语,闻人斗,辄食直者;闻人忠信,辄食其鼻;闻人恶逆不善,辄杀兽往馈之,名曰穷奇,亦食诸禽兽也。(《西北荒经》)	穷奇状如虎,有翼,食人从首始,所食被发,在蜪犬北。一曰从足。(《海内北经》)	其状似虎、有翼、食人	共工	西北荒有人焉,人面朱发,蛇身人手足,而食五谷禽兽,贪恶愚顽,名曰共工。(《西北荒经》)	炎帝之妻,赤水之子听訞生炎居,炎居生节并,节并生戏器,戏器生祝融,祝融降处于江水,生共工。(《海内经》)
梼杌	西方荒中有兽焉,其状如虎而犬毛,长二尺,人面,虎足,猪口牙,尾长一丈八尺,搅乱荒中,名梼杌。一名傲很,一名难训。(《西荒经》)	无	无	鲧	东方有人焉,人形而身多毛,自解水土,知通塞,为人自用,欲为欲息,皆云是鲧也。(《史记·五帝本纪》正义引)	洪水滔天。鲧窃帝之息壤以堙洪水,不待帝命。帝令祝融杀鲧于羽郊。鲧复生禹,帝乃命禹卒布土以定九州。(《海内经》)

续　表

四凶	《神异经》	《山海经》	共同点	四罪	《神异经》	《山海经》
饕餮	西南有人焉,身多毛,头上戴豕,性狠恶,好息积财而不用,善夺人物,彊毅者夺老弱者,畏群而击单,名饕餮。(《西南荒经》)	曰钩吾之山,其上多玉,其下多铜。有兽焉,其状如羊身人面,其目在腋下,虎齿人爪,其音如婴儿,名曰狍鸮,是食人。(《北山经》)郭璞注:为物贪婪,食人未尽,还害其身,像在夏鼎,《左传》所谓饕餮是也。	无	三苗	西荒中有人焉,面目手足皆人形,而胳下有翼,不能飞。为人饕餮,淫逸无理,名曰苗民。(《西南荒经》)	颛顼生驩头,驩头生苗民。(《大荒北经》)

从表 3-6 中可以看出:(1)《神异经》中的"四罪"和"四凶"之间并没有太多的交集,仅在"苗民"族中说其特点为"为人饕餮","饕餮"在此也只是作为形容词用来形容这个人的贪婪,并未指明饕餮即为苗民的别名。除此之外,"浑敦"与"驩兜"、"穷奇"与"共工"、"梼杌"与"鲧"这三对事物之间并没有特别指出二者的关联之处,甚至在外形上还刻意区别。如"浑沌"的外形是"其状如犬,长毛,四足,似罴而无爪,有两目而不见",而驩兜却是"人面鸟喙而有翼,手足扶翼而行"。(2)《神异经》中"四凶"形象基本来自对《山海经》的模仿或在此基础上的改造。以浑敦为例,在《山海经》中浑敦的外形怪异而可怕:长得像个黄色皮囊,其色又红似丹火,六足四翼,更奇怪的是浑敦没有面部,而且能歌善舞!在《神异经》中作者认为"无面目"不符合日常经验,而将其解构为有目不能看、有耳不能听、有肠而不能旋的"木头人":"有两目而不见,有两耳而不闻,有人知往,有腹无五脏,有肠直而不旋,食物径过。"

要之,《神异经》中之所以"四凶"与"四恶"并述,原因有二:

(一) 本能地对华夷之别的切割

华夷之辨由来已久,在先秦时期就从习俗上进行区分:《礼记·王制》

言:"西方曰戎,被发衣皮,有不粒食者矣;北方曰狄,衣羽毛,穴居,有不粒食者矣。"有汉一代,司马迁在大一统思想的指导下,一则有意对异族族源进行重新构建,使本来并非中原文化范围内的民族的族源与中原祖先挂钩,将之纳入中原民族祖先谱系中。二则司马迁继承了"四罪而天下咸服"这一事实,由此表明华、夷不是同等同列的,而是有着贵贱尊卑之分的。中原以外四方边境上的部族的身份,原本皆为"罪人"教化之民。因此,《神异经》中不厌其烦地将"四罪"罗列其中,是呼应华夷之别的思想,其本质是有意将被征服的部族"抹黑",一方面达到丑化对手的效果,另一方面通过占据道德的制高点说明自身的合法性、正统性。五帝传说的穿凿附会,为了证明尧舜的圣贤,就把圣贤的敌人比作恶兽、丑类。也就是萧兵所说的"中原中心观"作祟。①

(二) 厚葬之风使然

两汉时期佛教尚属于早期状态,因此传统的儒释道三种思想体系的建构在两汉并未完成。汉代思想主流是儒家的礼教思想和以长生、享乐为核心的神仙思想。加之两汉政治上大一统的格局造就经济的大幅提升,官僚、贵族和地主都会极力把儒家提倡的"厚葬"发挥到极致。东汉王符的《潜夫论·浮侈篇》详细地记载了这一奢靡之风:"今京师贵戚,郡县豪家,生不极养,死乃崇丧,或至刻金镂玉,檽梓梗枏,良田造茔,黄壤致藏,多埋珍宝偶人车马,造起大冢,广种松柏,庐舍祠堂,崇侈上僭。宠臣贵戚,州郡世家,每有丧葬,都官属县,各当遣吏赍奉,车马帷帐,贷假待客之具,竞为华观。"在这种厚葬风气之下,汉代遍设祠堂宗庙,《汉书·郊祀志》载:"哀帝即位……京师诸县皆有侍祠使者,尽复前世所常兴诸神祠官,凡七百余所,一岁三万七千祠云。"②战国以来愈演愈烈的求仙活动,一方面,使上至皇帝下至平民百

---

① 萧兵:《藏犬传奇——兼论与藏犬相关的灵獒、Mastiff、莫敖、蚼犬、豹犬、狡狗、槃瓠、厢宾、渠叟、獂貐、穷奇以及贰负、窫窳、曼陀罗和牙不芦》,《中国文化》2001 年第 17、18 期。

② (汉)班固:《汉书》,北京:中华书局,2005 年,第 1044 页。

姓期望生命无限期的延长；另一方面，在不得不面对死亡时，更加期待生命获得永生可以产生新的灵魂，以此得道成仙，继续享受现世奢华的生活。正如巫鸿所认为的："墓庙合一与新的灵魂说造成了墓葬画像艺术在东汉时期的极度繁荣。墓地由凄凉沉寂的死者世界一变而为熙熙攘攘的社会活动的中心。"①这时的祠堂、陵墓等大量以砖石作为建筑材料，使画像砖石艺术得以繁荣发达。

《神异经》所产生的年代恰是汉画像石发展的高峰，汉画像艺术中的世俗化表达必然会对《神异经》的创作有正面的作用，具体来说包括：

1. 对神异形象的再加工，以"梼杌"形象为例

"梼杌"一词最早载于《左传》，可是仅指为颛顼氏的不才子，对于其形状未有详细的解说。在《神异经》中却有细致的描写："西方荒中有兽焉，其状如虎而大，豪长二尺，人面，虎足，猪口牙，尾长一丈八尺，搅乱荒中，名梼杌。一名傲狠，一名难训。"因未见其他典籍中有关梼杌外形的记载，这应是《神异经》作者的创造。从描写形式上来说，明显是受《山海经》的影响，或者说是刻意的模仿：首先描写灵怪所在方位，然后详细叙说其性状。值得注意的是"其状如虎而大"的外形设计。作者本可以将其想象成任何动物的形象，但却独独选择虎形，貌似偶然，实则有必然性。汉代本就有尚虎的观念，虎的力量巨大，常会威胁到人的生命，然而人们又希望借助于虎的神力来驱除灾难。人们就在这种复杂心态中将其神化，《风俗通义》云："虎者，阳物，百兽之长也，能执搏挫锐，噬食鬼魅。"②"墓上树柏，路头石虎"。可见，汉人对虎抱有特别敬畏的心理。因此在汉画像石中更是名目繁多，有生活中的老虎，有神虎，还有虎车，等等。这方面的例子包括：新莽时期墓室壁画中，西方蓐收神被画成虎身人面、背生两翼的神虎。

---

① （美）巫鸿：《礼仪中的美术：巫鸿中国古代美术史文编》，北京：生活·读书·新知三联书店，2005年，第568页。

② （东汉）应劭著，王利器校注：《风俗通义校注》，北京：中华书局，1981年，第574页。

南阳汉画馆收藏的《仙人乘虎车》，画中两个带翅膀的仙人立于车身上，三只老虎拉着车子在云端中飞驰。由此，作者在创造梼杌形象时，自然就运用虎之形状，不但适合汉人对于"崇虎"的需要，而且也和梼杌应具有的超自然力相匹配。

2."以御魑魅"功能具体化

书中详述"四凶"的外形及善恶特征正是体现了画像石中祈福避祸的世俗化表达。"四凶"中的穷奇、梼杌、饕餮是画像石的常用题材。如南阳针织厂出土的《虎食女魃》，画面中左刻虎、右刻穷奇，共食躺于地下的旱魃。再比如王寨汉画像石墓墓门南门楣《逐魔升仙图》，正面刻有穷奇和腾根逐魔，背面是穷奇驱夔。《后汉书·礼仪志》中记载"追恶凶"十二位神明，中有"穷奇、腾根共食蛊"之语。穷奇与腾根一起，能吃鬼魅。饕餮更是常见，一般认为画像石中的铺首当为饕餮的转变。饕餮周代已普遍见于青铜器之上。《吕氏春秋·先识》云："周鼎著饕餮，有首无身，食人未咽，害及其身。"其形象颇为狰狞。汉画像石刻其于门上，有借其凶相来辟不祥、抵御守卫"冥宅"之意。需要指出的是穷奇、饕餮之类虽冠以恶名，却经常担当起地下宫殿的守护者。《神异经》中不仅"四凶"是画像石表达的主题，还包括尺郭等吃鬼的恶神。"尺郭不同于人类，他不饮不食，专以恶鬼为食，正是由于他的这个特性，尺郭画像被刻于汉人墓中的功能就很明确了。"① 这是因为在汉代，生者希望同死者保持一定的距离，因为死者可能以鬼魂的形式来到现实生活中，从而给生者带来种种烦恼甚至恐惧。因此汉代通过辟邪兽为死者的地下世界提供精心构筑的防御设备，特别是防御地下鬼魂世界带给生者的烦恼与恐惧。

综上，《神异经》作为谶纬文学样本，是通过创造出更集中、更典型的艺术形象反映作者对于世界的把握。不难看出，在《神异经》对《山海经》传播、

---

① 董良敏：《"神人操蛇"汉画像石考释》，《中国汉画学会第十三届年会论文集》，郑州：中州古籍出版社，2011年。

接受过程中不断地被融入时代的、个体的独特信息,尤其是《神异经》中"四凶"的具象化记载,不仅丰富了作品的内容,而且拓展了作品的内涵,反映了社会思想对文学乃至画像艺术的影响。《神异经》对《山海经》的接受,还表明《山海经》蕴含着浓郁的原始宗教内涵,为《山海经》研究拓宽了更加宽阔的领域,促进了人们对《山海经》的原始宗教性质的探索。

第五章　汉赋对《山海经》的接受：浪漫主义的阐释

据费振刚点校《全汉赋》，有汉一代今存赋家凡87人，赋305篇，其中存目31篇。对于汉赋和《山海经》的关系，谢榛《四溟诗话》卷二从赋家创作的取用方面指出"汉人作赋，必读万卷书，以养胸次，《离骚》为主，《山海经》《舆地志》《尔雅》诸书为辅。又必精于六书，识所从来，自能作用……取于《山海经》者虚诞恢诡"[①]。汉赋承袭了《山海经》中的地理概念、名物、空间方位以及表达方式，并对其进行了发扬、丰富和创新。这主要表现在四个方面：一是汉赋中对于《山海经》昆仑的接受，体现了汉人对昆仑山的认识；二是汉赋接受《山海经》中神人的创作模式，同时给予神新的时代内涵；三是以《山海经》中空间方位为蓝本，用空间关系对名物展开铺叙，从而建构起一个博大的空间世界；四是在描述奇幻神奇的神仙世界时，常常铺叙《山海经》中奇禽异兽，构成汉赋尚奇的特征。司马迁评价司马相如赋是"多虚辞滥说"，正是指出了司马相如的赋作善于运用奇思玄想的神话素材，这其中当包括对于《山海经》内容的接受和再加工。本章试图通过对汉赋中有关《山海经》题材的考察，了解作为接受主体的汉代上层文人的思想状况，同时还可以对《山海经》在汉代文学发展中的地位与作用作出公允的评价。

[①] 谢榛:《四溟诗话》卷二，丁福保辑《历代诗话续编》，北京：中华书局，1983年，第1175页。

表 5-1　汉赋所见《山海经》内容

作者	汉赋篇目及内容		《山海经》内容
司马相如	《天子游猎赋》	蹴蛩蛩	《海外北经》："有素兽焉，状如马，名曰蛩蛩。"
		邪与肃慎为邻，右以汤谷为界。	《大荒北经》："东北海之外……大荒之中有山，名曰不咸。有肃慎氏之国。"
		秋田乎青丘，彷徨乎海外。	《海外东经》："青丘国在其北，其狐四足九尾。一曰在朝阳北。"
		獑胡縠蛫，栖息乎其间。	《中山经》："有兽焉，其状如龟，而白身赤首，名曰蛫，是可以御火。"
		游枭	《海内南经》："枭阳国，在北朐之西。其为人人面长唇，黑身有毛，反踵，见人笑亦笑，左手操管。"
	《大人赋》	雷室	《海内东经》："雷泽中有雷神，龙身而人头。"
		经营炎火而浮弱水兮 吾乃今日睹西王母。暠然白首，戴胜而穴处兮，亦幸有三足乌为之使。	《大荒西经》："其外有炎火之山，投物辄然"；"其下有弱水之渊环之"。 《西山经》："西王母其状如人，豹尾虎齿而善啸，蓬发戴胜。"
扬雄	《甘泉赋》	梁弱水之濎濴兮，蹑不周之逶蛇。想西王母欣然而上寿兮，屏玉女而却虙妃。	
	《蜀都赋》	期生兕旄……罷氂貘貑	《中山经》："曰岷山……其兽多犀象，多夔牛。" 《中山经》："东北百里，曰荆山……其中多犛牛，多豹虎。"
		撕楢木稷	《中山经》："其木多楢、杻。"
		孺鷩	《西山经》："鸟多赤鷩。"
	《太玄赋》	役青要以承戈兮	《中山经》："又东十里，曰青要之山，实维帝之密都。"

续 表

作者	汉赋篇目及内容		《山海经》内容
张衡	《南都赋》	玉膏滦溢流其隅。	《西山经》："其中多金玉,是有玉膏,其原沸沸汤汤。"
		帝女之桑	《中山经》："名曰帝女之桑。"
		其水虫则有蠼龟鸣蛇。	《中山经》："其中多鸣蛇,其状如蛇而四翼。"
		耕父扬光于清泠之渊。	《中山经》："东南三百里,曰丰山……神耕父处之,常游清泠之渊,出入有光,见则其国为败。"
	《东京赋》	囚耕父于清泠,溺女魃于神潢。	《大荒北经》："有人衣青衣,名曰黄帝女魃。"
		鸣女床之鸾鸟,舞丹穴之凤皇。	《西山经》："女床之山。"
		毕方	《西山经》："有鸟焉,其状如鹤,一足,赤文青质而白喙,名曰毕方。"
	《思玄赋》	发昔梦于木禾兮,谷昆仑之高岗。	《海内西经》："昆仑之虚,方八百里,高万仞,上有木禾。"
		超轩辕于西海兮,跨汪氏之龙鱼。《文选》李善注："汪氏国在西海外,此国足龙鱼也。"	《海外西经》："轩辕之国在此穷山之际,其不寿者八百岁。"
		《思玄赋》"出石密之闾野兮",李善注:此石密疑是密山。	《西山经》："又西北四百二十里,曰崦(密)山。"
		速烛龙令执炬兮,过钟山而中休。瞰瑶溪之赤岸兮,吊祖江之见刘。聘王母于银台兮,羞玉芝以疗饥。戴胜慭其既欢兮,又诮余之行迟。	《大荒北经》："西北海之外……有神,人面蛇身而赤……是谓烛龙。"

表 5-1 为笔者整理出的汉赋接受《山海经》的相关内容,据此可以看出,汉赋对于《山海经》的接受主要体现在三个方面:一、神话地理;二、奇物异象;三、诸神。以下依次进行分析。

第一节 神话地理——昆仑

据闻一多、顾颉刚两位先生的考证,昆仑神仙信仰要早于东海蓬莱神话信仰。如前文所论,在《山海经》中昆仑神话交代的比较丰富。在汉赋中昆仑神话也有多次表述,其中司马相如的《大人赋》是对昆仑境况描写最全面的:

> 径入雷室之砰磷郁律兮,洞出鬼谷之崛礨崴魁。遍览八纮而观四海兮,揭度九江越五河。经营炎火而浮弱水兮,杭绝浮渚涉流沙。奄息葱极泛滥水娭兮,使灵娲鼓琴而舞冯夷。时若曖曖将混浊兮,召屏翳,诛风伯、刑雨师。西望昆仑之轧沕荒忽兮,直径驰乎三危。排阊阖而入帝宫兮,载玉女而与之归。登阆风而遥集兮,亢乌腾而壹止。低徊阴山翔以纡曲兮,吾乃今日睹西王母。暠然白首戴胜而穴处兮,亦幸有三足乌为之使。[1]

这一段写"大人"一行远游昆仑的经过,其中对昆仑状况的描写完全是根据《山海经》中昆仑地理概况的描述。《山海经》中有关昆仑的记载主要在《西次三经》《海内西经》《大荒西经》中。上文所描述的昆仑的名物、位置显然是据此而敷衍的:

"雷室"即雷渊或雷泽,《海内东经》:"雷泽有雷神,龙身而人头。""炎火"位于昆仑山外围,《大荒西经》:"其外有炎火之山,投物辄然",《西次三经》也提到昆仑山附近有火山:"南望昆仑,其光熊熊,其气魂魂。""弱水"位于昆仑之丘的下面,《大荒西经》云:"其下有弱水之渊环之。""流沙"也是到达昆仑的必经之路,《海内西经》:"流沙出钟山,西行,又南行昆仑之虚。"钟山,据

---

[1] (汉)班固:《汉书》,北京:中华书局,2005年,第1972页。

《西次三经》是在昆仑西北。"直径驰乎三危"句中的"三危"是指三危山。《西山经》:"又西二百二十里,曰三危之山,三青鸟居之。"《大荒西经》:"有三青鸟,赤首黑目。"郭璞注:"皆西王母所使也。"由此也可以推断三危山也是在昆仑山附近。更为具体的是对西王母的描写,《海内北经》:"西王母梯几而戴胜,其南有三青鸟,为西王母取食。在昆仑虚北。"不难看出这里的西王母正是按照《山海经》中的记载然后再创造,交代了西王母的外貌是白首、戴胜,住处是"穴处","三足乌"为之所役使。张揖说:"三足乌,三足青鸟也,主为西王母取食,在昆仑墟之北。"这段引文中还有两点需要指出:

1. 昆仑的地望

昆仑,究竟位于何处,至今存在着诸多不同看法。在汉赋中多次交代昆仑位于西方的"葱极",如"奄息葱极泛滥水娱兮",注曰:"葱极即葱岭,葱岭为旧时对现在的帕米尔高原和昆仑山、天山西端的统称。"[1]这个区域早在三千多年前就被中原人所熟悉,《穆天子传》称这个地方为"舂山",相传有周族的一支西迁至此地立国。到了汉代,这一带更是丝绸之路的重要通道。有汉一代,自张骞通西域之后,汉朝出使或经商西域进出帕米尔高原的人日益增多,据《汉书·西域传》记载丝绸之路有两条,不管是南道还是北道,葱岭是必经之地:"自玉门、阳关出西域有两道。从鄯善傍南山北,波河西行至莎车,为南道;南道西逾葱岭则出大月氏、安息。自车师前王廷随北山,波河西行至疏勒,为北道;北道西逾葱岭则出大宛、康居、奄蔡焉。"[2]

这里将神话系统中的"昆仑"和西域现实地理进行虚实相结合的描述,由此可知:《山海经》在汉代文人认知中,具有一定的地理学价值。从司马相如的赋中可以看出汉代文人认同《山海经》对于"昆仑"地形地貌的描述:昆仑山周边有与外面的世俗世界隔绝的弱水和炎火山环绕着,还隔着重重沙漠。现代学者从萨满教的角度入手,认为:(昆仑)"乃古代匈奴语'天'之

---

[1] 费振刚、仇仲谦、刘南平:《全汉赋校注》,广州:广东教育出版社,2005年,第123页。
[2] (汉)班固:《汉书》,北京:中华书局,2005年,第2885页。

谓……古代信奉萨满教的各民族部落都可以拥有自己宇宙山,而这些民族中的一部分都可能将宇宙山称作'昆仑山'"①。这一说法颇有道理,其实就是在《山海经》中昆仑的位置也是一东南一西北,并不是专指一个地方,西北:"海内昆仑之虚,在西北,帝之下都。"(《海内西经》)东南:"昆仑虚在其东,虚四方。一曰在岐舌东,为虚四方。"(《海内南经》)后世研究者更是有多种说法,其涉及的范围可以用天南海北来表明:"有的认为它就是今日的昆仑山;也有人分别断定它是巴颜喀喇山、祁连山、岷山、泰山;还有的猜测它在西亚的两河流域、印度境内。"②

本书无意考证昆仑具体所在位置,只是想指明汉代人将想象地理和实际地理相交织的做法,能看出汉代人认可的《山海经》特殊的地理学价值,因为把实际的地理葱岭和神话中的昆仑相黏合明显带有对号入座的性质。尽管以司马迁为代表的汉代文人对《山海经》的地理说法持有很大的怀疑,《史记·大宛列传》记曰:"今自张骞使大夏之后也,穷河源,恶睹《本纪》所谓昆仑者乎? 故言九州山川,《尚书》近之矣。至《禹本纪》《山海经》所有怪物,余不敢言之也。"但在实际生活中太史公却又乐于用神话地理来验证实际地理位置:"汉使穷河源,河源出于寘,其上多玉石,采来,天子(武帝)案古图书,名河所出山曰昆仑。"这是汉武帝用按图索骥的方式将神话的山名定为西域多产玉之山,"古图书"显然就是《山海经》。对于这一做法,刘宗迪认为:"随着人们地理知识的积累和地域视野的扩大,神话地理一方面被实证地理所代替,另一方面依然被人们用作建构地理知识的先验模式,此种神话地理和实证地理的交织,在一种文明的'轴心期'是不可避免的。"③

2. 汉代昆仑神话的地位

顾颉刚先生在《〈庄子〉和〈楚辞〉中昆仑和蓬莱两个神话系统的融合》中提

---

① 汤惠生:《神话中之昆仑山考述》,《中国社会科学》1995 年第 5 期。
② 李炳海:《昆仑地望及东夷文化区的西限》,《东岳论丛》1992 年第 2 期。
③ 刘宗迪:《昆仑原型考》,《文化研究》2003 年第 3 期。

出中国古代流传下来的神话可分为昆仑神话和蓬莱神话两大系统。①但有关蓬莱神话的资料非常少,再加上战国秦汉时期,蓬莱神话逐渐演变为仙话,因此我们了解蓬莱神话只能从繁博的蓬莱仙话入手。王孝廉在《中国的神话世界》中也把中国仙乡分为两大体统:"一个是由仙人、方士、蓬莱(海上仙山)、归墟所组成的东方仙乡;一个是由神巫、昆仑(帝之下都)、黄河之源所组成的西方仙乡。"②因此在战国乃至秦汉时期关于仙乡和仙岛的崇拜材料很多。秦汉时期,秦始皇数次大规模的追仙活动,慕想长生不老:"于是始皇遂东游海上,行礼祠名山大川及八神,求仙人羡门之属。"③"三十二年,始皇之碣石,使燕人卢生求羡门、高誓。刻碣石门。……因使韩终、侯公、石生求仙人不死之药。"④但在汉赋中很少提到对于海上神山仙乡的慕求,多是对于昆仑神话的描述(见表5-2)。

表5-2　汉赋中征引昆仑

作者	篇名	内容
班昭	《大雀赋》	嘉大雀之所集,生昆仑之灵丘。(灵丘:仙山。)
扬雄	《甘泉赋》	蛟龙连蜷于东厓兮,白虎敦圉乎昆仑。
	《羽猎赋》	青云为纷,红蜺为缳,属之乎昆仑之虚。
	《太玄赋》	升昆仑以散发兮,踞弱水而濯足。
	《反离骚》	乘云蜺之旖柅兮,望昆仑以樛流,览四荒而顾怀兮,奚必云女彼高丘?
刘歆	《甘泉宫赋》	冠高山而为居,乘昆仑而为宫。
张衡	《思玄赋》	发昔梦于木禾兮,谷昆仑之高冈。
	《西京赋》	珍物罗生,焕若昆仑。
	《南都赋》	昆仑无以参,阆风不能逾。
	《七辩》	上游紫宫,下栖昆仑。
祢衡	《鹦鹉赋》	想昆山之高岳,思邓林之扶疏。

---

① 钱小柏编:《顾颉刚民俗学论文集》,上海:上海文艺出版社,1998年。
② 王孝廉:《中国的神话世界》,北京:作家出版社,1991年,第68页。
③ (汉)司马迁:《史记》,北京:中华书局,2013年,第1636页。
④ (汉)司马迁:《史记》,北京:中华书局,2013年,第318—319页。

从数量上来说,汉赋中昆仑神话超过蓬莱神话,占绝对优势。个中原因有二:

(1) 对于秦始皇狂热追仙的反拨

公元前221年秦始皇一统天下,随即就有大规模的向海外求仙活动:"始皇既平六国,凡平生志欲无不遂者。所不可必得志者,寿耳。于是信方士之言,遣徐市入海求三神山,访神仙,觅不死药。"①据记载,秦始皇一共有五次大规模的求仙活动,其中有两件事可以看出求仙以及神仙思想在秦始皇的意识中占据着绝对的主导地位,完全让叱咤风云的始皇帝处于受愚弄的境地而竟然浑然不觉。始皇三十五年(公元前212年),卢生等人上奏秦始皇说找不到不死之药是因为恶鬼妨碍,只有"微行以避恶鬼",真人才能至,"不死之药殆可得也"。于是秦始皇自称"真人",不称"朕",行居不定。另一件事是公元前215年,秦始皇令方士卢生去搜寻羡门、高誓等仙人,卢生出海没有带回不死神药,却带回一种"录图书",书中写道"亡秦者胡也"。在方士的诱导之下,终于导致了秦始皇发兵三十万,攻打北方胡族事件。如若不是狂热神仙方术崇拜,很难想象一代雄主的秦始皇会做出如此疯狂的行动:"遂使蒙恬将兵攻胡,辟地千里,以河为境。……暴兵露师十有余年,死者不可胜数……百姓靡敝,孤寡老弱不能相养,道路死者相望,盖天下始畔秦也。"②——亡秦者真是胡也!

秦亡汉兴,对于求仙活动也随之有了变化,一方面,汉朝是在一片废墟上建立的王朝,民不聊生,社会凋敝。史载:"汉兴,接秦之敝,诸侯并起,民失作业,而大饥馑。凡米石五千,人相食,死者过半。……天下既定,民亡盖臧,自天子不能具醇驷,而将相或乘牛车。"③这样凋敝的民生是无力支撑大规模求仙活动的,取而代之的是对儒家思想的重视。《史记·孔子世家》云:"高皇帝过鲁,以太牢祠焉。诸侯卿相至,常先谒,然后从政。"④皇权对于儒

---

① 袁了凡、王凤洲:《纲鉴合编》,北京:中国书店出版社,1985年,第195页。
② (汉)司马迁:《史记》,北京:中华书局,2013年,第1532页。
③ (汉)班固:《汉书》,北京:中华书局,2005年,第950页。
④ (汉)司马迁:《史记》,北京:中华书局,2013年,第2343页。

家思想的确认,某种程度上抑制了对神仙思想的追求。另一方面,骤兴暴亡的秦帝国给汉初那些头脑清醒的文人留下深刻的印象,同时为巩固新兴政权,恢复千疮百孔的经济,在高祖刘邦的倡导之下,汉初从上至下展开对秦帝国的骤亡勃兴和秦始皇本人的功过是非的全面反思与总结:

《汉书·晁错传》:"任不肖而信谗贼;宫室过度,耆欲亡极,民力罢尽,赋敛不节;矜奋自贤,群臣恐谀,骄溢纵恣,不顾患祸;妄赏以随善[喜]意,妄诛以快怒心,法令烦憯,刑罚暴酷,轻绝人命,身自射杀;天下寒心,莫安其处。"①

《汉书·食货志》:"至于始皇,遂并天下,内兴功作,外攘夷狄,收泰半之赋,发闾左之戍。男子力耕不足粮饷,女子纺绩不足衣服。竭天下之资财以奉其政,犹未足以澹其欲也。海内愁怨,遂用溃畔。"②

这里的"耆欲亡极""犹未足以澹其欲也"就是指秦始皇极力满足自己的一己私欲,而大规模地耗财耗力地去求仙正是他的私欲之一。文人对于前代君主否定的态度,也促使后来的统治者不得不在诸多方面有所收敛,其中就包括求仙活动。汉武帝为了减少求仙海外的开支,直接将"三山"建于自己的宫廷之中:

其北治大池,渐台高二十余丈,命曰泰液,池中有蓬莱、方丈、瀛洲、壶梁,象海中神山龟鱼之属。③

面对群臣的指责声,汉武帝不得已只好将传说中的海外仙山建在自己

---

① (汉)班固:《汉书》,北京:中华书局,2005 年,第 1760 页。
② (汉)班固:《汉书》,北京:中华书局,2005 年,第 856 页。
③ (汉)司马迁:《史记》,北京:中华书局,2013 年,第 604 页。

的园林中,这大概也是采取的折中办法吧。与始皇帝不一样的是,在汉武帝的求仙活动中总是信疑并存,相对于秦始皇的表现稍微理智一些。汉武帝在任用方士的同时,也要求有明确证据,证据显然是拿不出来的,因而武帝时期的方士大都被杀。这种理智还表现在时人对于求仙访道的揭露与批判,《汉书》批评武帝为求神仙长生,广建高楼,导致"竭民财力,奢泰无度"、"天下虚耗,百姓流离,物故(死去)者半"的后果。诸种行为都表明在汉代神仙之说已经不如以前那样被深信不疑,理性思潮在逐渐强大。

(2) 新的求仙方位的开拓

汉武帝之前帝王的求仙活动都是到东海寻找仙人,这一活动可以追溯至战国时期东部沿海的齐国、燕国:"自威、宣、燕昭使人入海求蓬莱、方丈、瀛洲。"①到秦始皇时期,据记载共有四次大规模的东巡入海求仙:"遣徐市发童男女数千人,入海求仙人。……三十二年,始皇之碣石,使燕人卢生求羡门、高誓……使韩终、侯公、石生求仙人不死之药"②,以至于"燕齐之士释锄耒,争言神仙,方士于是趣咸阳者以千数"③。汉武帝也曾多次派人到海上去寻找仙人,以获长生不老。《史记·封禅书》记载元鼎五年(公元前112年):"而五利将军使不敢入海,之泰山祠。上使人微随验,实毋所见。五利妄言见其师,其方尽,多不雠。上乃诛五利。"武帝派人检验五利将军求仙之事,发现被骗,将其诛杀,在此之前方士少翁的骗局同样被识破而被杀。方士一次次求仙皆以失败而告终,这不得不使汉武帝对海外仙山是否存在产生怀疑:"方士之候祠神人,入海求蓬莱,终无有验。而公孙卿之候神者,犹以大人迹为解,无其效。天子益怠厌方士之怪迂语矣,然终羁縻不绝,冀遇其真。"④可悲的是武帝只是识破假方士,未能辨明方士、方术之伪。杀一个方士再寻一个替补,求仙的欲望始终没有破灭,但对于入海寻仙的举动不能不有所改变。汉武帝把求仙领域扩大到内陆的名山大川,祭祀足迹"遍于五

---

① (汉)司马迁:《史记》,北京:中华书局,2013年,第358页。
② (汉)桓宽撰,王利器校注:《盐铁论校注》,北京:中华书局,1992年,第318页。
③ (汉)桓宽撰,王利器校注:《盐铁论校注》,北京:中华书局,1992年,第319页。
④ (汉)司马迁:《史记》,北京:中华书局,2013年,第1608页。

岳、四渎矣"①。恰好此时张骞通西域为汉武帝带来了新的希望,有关昆仑山的神话传说为长生不老的方法提供了新的尝试:"汉武帝感兴趣的是昆仑神话,而蓬莱神话还不是他的兴奋中心。"②

但汉朝人对西方昆仑地区的了解仅限于传闻,知之甚少。顾颉刚先生认为最早记载昆仑神话的是《山海经》,而《穆天子传》中记载周穆王和西王母聚会的场面大大激起了人们对于昆仑神境的心驰神往。但西部地区山高路又远、大漠荒凉而恐怖,严重阻碍了人们对于这个地区的地理考察。因此在汉代张骞通西域之前,人们对于昆仑地区的把握仅限于口头传说。例如,汉初贾谊《惜誓》:"驰骛于杳冥之中兮,休息乎昆仑之墟。乐穷极而不厌兮,愿从容乎神明。涉丹水而驼骋兮,右大夏之遗风。"这里的昆仑仍然是实有的地理和神话地理的混合。公元前139年到公元前119年张骞的两出西域以及西汉政府对西域的经营,使汉代人获得了较为丰富、准确的西域地理知识,这成为一贯严谨的司马迁撰写《史记·大宛列传》直接的资料来源,同时在西汉掀起对有关西域昆仑境地的膜拜。膜拜首先体现在汉武帝身上,张骞第一次出使西域回来后向武帝描述西域之时曾说:"安息长老传闻条枝有弱水、西王母,而未尝见。"想必是张骞出使前汉武帝特别对昆仑神话有所交代,所以在此陈述沿途考察状况,可见武帝对昆仑仙境无比的好奇与强烈的兴趣。武帝对昆仑神话的崇拜不只是停留好奇层面,还将新建的明堂直接命名为昆仑,体现了其对西方昆仑的向往之情。《史记·封禅书》记载:

  济南人公玉带上黄帝时明堂图。明堂图中有一殿,四面无壁,以茅盖,通水,圜宫垣,为复道,上有楼,从西南入,命曰昆仑。天子从之入,以拜祠上帝焉。③

---

① (汉)司马迁:《史记》,北京:中华书局,2013年,第1676页。
② 李炳海:《以蓬莱之仙境化昆仑之神乡——中国古代两大神话系统的早期融合》,《东岳论丛》2004年第5期。
③ (汉)司马迁:《史记》,北京:中华书局,2013年,第1674页。

上以好之下以从之,武帝之后,在汉大赋中昆仑仙境占据着绝对的主角。司马相如投汉武帝之所好,以昆仑仙境为中心,描写了"大人"驾云乘龙遨游仙界。让武帝读后非常高兴:"相如既奏《大人之颂》,天子大说,飘飘有凌云之气,似游天地之间意。"这无疑进一步促进了昆仑神话的传播以及人们对于它的接受。

后世学者多去考证昆仑仙乡神话位于何处,往往是徒劳无益,其实昆仑这一概念经历了神话地理到实体地理的变迁,进而又互相糅合掺杂,这反映了汉初文人对昆仑山的概念是将想象地理和实际地理混而同之。因此,倘若再去考证具体在何处,无疑是公婆之争。但这一现象恰好展现出我国古典神话思维对于人们认知世界的作用。此外,随着西域地理的开拓和认知,使得《山海经》的传播更加广泛。《山海经》中有关西方的地理和想象地理以及西王母,迅速在上层社会引起广泛关注,汉武帝对昆仑仙境表现得更加心驰神往,某种程度上促进了昆仑神话和蓬莱神话的融合。

第二节 汉赋对《山海经》神话人物的接受研究

汉代记录《山海经》的载体多样,除了前文提及的诸子之作,还包括汉代的文学作品,主要以汉赋为主。《山海经》中的诸多要素,成为文学创作的重要素材和模仿对象。司马迁评价司马相如赋"多虚辞滥说",这既从侧面指出司马相如赋作运用了奇幻的神话传说素材,同时也揭示出汉赋想象与夸张的手法和奇幻的《山海经》多有相似性。汉赋中《山海经》元素多有呈现,从内容来讲,汉赋对于《山海经》的接受主要是神人和神兽。

一、西王母

关于"西王母",司马相如在《大人赋》中言:"低徊阴山翔以纡曲兮,吾乃今日睹西王母。暠然白首戴胜而穴处兮,亦幸有三足乌为之使。"在司马相如的笔下,半人半兽的西王母已经变成了一个"皤然白首"的白发妇人的形象。又东汉末张衡《思玄赋》:"聘王母于银台兮,羞玉芝以疗饥。戴胜愁其既欢兮,又消余之行迟。"其中,"银台"为神仙所居之处,加之西王母能够"羞玉芝以疗饥",这里的"西王母"显然具有神仙的属性。值得我们进一步探讨的是,汉赋中西王母出现的次数寥寥无几,较之画像世界中的无处不在的西王母,汉赋中对西王母的表述简直是微不足道。由此可见,对于上层文人来说西王母信仰并不是他们乐意表现的主题。这是因为:

1. 与汉赋的内容相矛盾

汉赋首先是以宫廷、游猎等为主要内容的大赋,其次则是抒发悲怨之情的骚体赋,"计144篇,占全部现存汉赋的百分之八十以上。其余作品也是以上层生活为题材的"[①]。只是到了东汉末随着大一统政治局面的瓦解,追求个体的审美和有生活气息的内容逐渐进入赋家创作视野。比如汉末大家张衡现存的赋作中就包括世俗生活、田园风光,甚至爱情主题。而西王母崇拜,则更多发生在民间底层信仰中。传统神仙信仰是战国时期发轫于燕、齐东方沿海地区的一种方术思想观念。这些方士对"仙"的追求是消除对死亡的恐惧,因此竭力延长生命,"不死"是他们的终极目标。《山海经》中西王母掌管不死神药,恰好能满足人们膜拜的需要,因此在西汉初年西王母的崇拜首先是在上流社会中出现的。但人们越来越悲观地认识到死亡是无可避免的事实,鉴于此,方士们把更多的方术放到了死后的世界。巫鸿说:"至少从汉初开始……在丧葬艺术中置入升仙的符号,这种新的实践说明升仙的概念已有了实质性的变化:现在人们开始希望在死亡后灵魂仍可以升仙,而不是将升仙与长寿简单地等同起来,仅仅追求在生时升仙。"[②]因此,汉以后仙界模型自然就由墓葬中的图像世界来承担了,或者说"仙"的世界已经融入

[①] 康金声:《论汉赋的题材内容》,《中国韵文学刊》1990年第2期。
[②] (美)巫鸿:《礼仪中的美术:巫鸿中国古代美术史文编》,北京:生活·读书·新知三联书店,2005年,第258页。

墓葬之中了。随着西王母故事的广泛流传,汉代墓葬图像表现的常见主题之一就是西王母崇拜。据李凇考察,"从出土画像砖石看各地西王母信仰流行的时期,河南主要在西汉后期至公元1世纪初的东汉早期,西川主要在东汉中后期,而在陕西画像石产生的公元1世纪末的东汉初、中期,主要流行区域在鲁南和苏北。"①因此,在两汉时期就功能来讲,西王母更多的是统治着人们死后的信仰世界,这是民间信仰更侧重的主题。而汉赋的作者大多是上层文人,对西王母大多避而不谈。正如小南一郎所说,文献典籍的作者是文人士大夫,而西王母信仰主要流传在民间百姓之中。②

2. 对于游仙主题的背离和批判

汉赋中确有一部分涉及神、神仙的游仙赋,但对于神或者神仙不再是一味地膜拜,较之前代明显产生了背离。具有游仙主题的西汉赋有:贾谊《惜誓》、司马相如《大人赋》、严忌《哀时命》、东方朔《七谏》、刘向《九叹》、王褒《九怀》、扬雄《甘泉赋》《河东赋》《太玄赋》和桓谭《仙赋》。其中提及西王母是司马相如的《大人赋》和扬雄的《甘泉赋》。《大人赋》云:"低徊阴山翔以纡曲兮,吾乃今日睹西王母。暠然白首戴胜而穴处兮,亦幸有三足乌为之使。必长生若此而不死兮,虽济万世不足以喜。"这里依照《山海经》描绘了西王母的具体形象,但西王母在此并不代表一般意义上的长生不老,钱志熙以为:"在这里,游仙的目的已经从以追求长生不老转变为以追求自由为主,在一个以帝王为模特的游仙作品中表现了浓厚的文人意识。"③扬雄曾批评司马相如赋是:"靡丽之赋,劝百风一,犹驰骋郑卫之声,曲终而奏雅。"④汉赋至扬雄,则是积极实践儒家的"主文而谲谏"的诗学观。因此,在《甘泉赋》中虽提及西王母、玉女、宓妃等神,但只是针对汉成帝宠幸后宫赵昭仪,以西王母的愉悦、高寿促使皇帝思索自我的人生,"屏玉女,却宓妃"也是为了进谏成

---

① 李凇:《论汉代艺术中的西王母图像》,长沙:湖南教育出版社,2000年,第171页。
② (日)小南一郎:《中国的神话传说与古小说》,孙昌武译,北京:中华书局,1993年,第37页。
③ 钱志熙:《唐前生命观与文学生命主题》,北京:东方出版社,1997年,第150页。
④ (汉)司马迁:《史记》,北京:中华书局,2013年,第3073页。

帝远离女色。在此西王母也就是一个长寿的符号,和民间的狂热的膜拜热情相去甚远。

此外,社会上下弥漫的对长生无极的狂热渴求,遭到正统的儒家文人的猛烈批评。如西汉谷永指责神仙方术"背仁义之正道",神仙家、方士"皆奸人惑众,挟左道,怀诈伪,以欺罔世主"。正如葛兆光所说:"当时这些知识与技术以及它们的拥有者确实并不占据话语的权力,也不处在社会的主流,在那个时代里,它们一直受到来自政治与文化两方面的很严厉的批评。"①

二、蚩尤

和西王母比较起来,蚩尤在汉赋中出现的频率相对较高。《山海经》记载蚩尤有三处。一在《大荒东经》:"大荒东北隅中,有山名曰凶犁土丘。应龙处南极,杀蚩尤与夸父,不得复上。故下数旱。"一在《大荒南经》:"有宋山者,有赤蛇,名曰育蛇;有木生山上,名曰枫木。枫木,蚩尤所弃其桎梏,是为枫木。"郭璞注云:"蚩尤为黄帝所得,械而杀之,已摘弃其械,化而为树也。"一在《大荒北经》:"有人衣青衣,名曰黄帝女魃。蚩尤作兵伐黄帝,黄帝乃令应龙攻之冀州之野。应龙畜水,蚩尤请风伯、雨师纵大风雨。黄帝乃下天女曰魃,雨止,遂杀蚩尤。魃不得复上,所居不雨。"从上述记载中可以看出,蚩尤是个被征服者的形象,他虽能"行风雨",但在与黄帝作战时战败见杀,所械桎梏弃而变为枫木。

在司马迁《史记》中蚩尤更是走向了黄帝的对立面,并进一步增加了一些细节。《史记·五帝本纪》中写道:"诸侯相侵伐,暴虐百姓,而神农氏弗能征。于是轩辕乃习用干戈,以征不享,诸侯咸来宾从。而蚩尤最为暴,莫能伐。……于是黄帝乃征师诸侯,与蚩尤战于涿鹿之野,遂禽杀蚩尤。而诸侯咸尊轩辕为天子,代神农氏,是为黄帝。"张守节《史记正义》引《龙鱼河图》云:"蚩尤没后,天下复扰乱,黄帝遂画蚩尤形象以威天下,天下咸谓蚩尤不

---

① 葛兆光:《中国思想史》(第 1 卷),上海:复旦大学出版社,2001 年,第 585 页。

死,八方万邦皆为弭服。"①这恰恰反映蚩尤虽然战败被杀,但是他的声威和影响仍然长期存在。

蚩尤在《全汉赋》中凡四见,列如下:

扬雄《甘泉赋》:蚩尤之伦带干将而秉玉戚兮,飞蒙茸而走陆梁。
扬雄《羽猎赋》:蚩尤并毂,蒙公先驱。
黄香《九宫赋》:蚩尤之伦玢璘而要斑斓,垂金干而捷雄戟。
张衡《西京赋》:于是蚩尤秉钺,奋鬣被般。

从上述记载可以看出,蚩尤是勇武的铠甲之士,而且常常被想象为天子身边的卫士。这也符合汉代官方祭祀体系中"蚩尤"所配有的地位。与正统体系的黄帝持敌对立场的"蚩尤"不同,在汉代则成了勇武精神的象征。具体说来有如下原因:

1. 汉代人有尚武的精神

周谷城归纳汉帝国对外的疆土开拓:

兹分别依地理的次序,由东北而西北,由西北而西南,略略述一个大概:定朝鲜,置四郡;逐匈奴,固北边;通西域,逾葱岭;平西羌,隔羌胡;西南夷皆屈服;平南粤,置九郡;平闽粤,定东南。……蚩尤没后,天下复扰乱,黄帝遂画蚩尤形象以威天下,天下咸谓蚩尤不死,八方万邦皆为弭服。②

《史记·高祖本纪》记载,秦末豪杰蜂起,刘邦起兵之初,即行军祭之礼:

---

① (汉)司马迁:《史记》,北京:中华书局,2013年,第5页。
② 周谷城:《中国社会史论》,长沙:湖南教育出版社,2009年,第362页。

祠黄帝,祭蚩尤于沛庭,而衅鼓,旗帜皆赤。

斐骃《集解》引应劭曰:"蚩尤好五兵,故祠祭之求福祥也。"
据《史记·郦生陆贾列传》,郦食其曾说齐王,以"蚩尤之兵"以喻刘邦的兵力:

夫汉王发蜀汉,定三秦;涉西河之外,援上党之兵;下井陉,诛成安君;破北魏,举三十二城;此蚩尤之兵也,非人之力也,天之福也。①

自汉武帝之后,对北方的匈奴更是数年大规模用兵,普通士卒亦可凭借个人的军功和谋略晋升为高级将领,卫青、霍去病都是典型的例子。飞将军李广也曾感慨道:"而诸部校尉以下,才能不及中人,然以击胡军功取侯者数十人。"可以想见的是,这必会对社会尚武的风气起到推波助澜的作用。从汉代的文人对于剑道、兵法的热衷可见一斑:东方朔十三岁开始读书,十五岁学习击剑,"十九学孙吴兵法,战阵之具,钲鼓之教",他本人颇以此自负;汉末文人田畴"好读书,善击剑";崔琰"好击剑,尚武事",并且以通晓剑术名噪一时。联系蚩尤在汉代被封为"战神",他的地位的抬升也就不难理解了。

2.连年对匈奴用兵,更加导致对于蚩尤的崇拜

汉武帝践祚之后,先后发兵平定了帝国境内的东越与南越的叛乱,继而又北征匈奴。他以卫青、霍去病为大将军数次率军出击匈奴,屡建战功。就这样,强盛的汉王朝通西域、降南越、征匈奴都大获成功。宣帝时,汉王朝再次发兵十五余万骑,抗击匈奴,全胜而归。汉朝统治者这种君临四方的气势与赫赫的战功征伐充分地表现了帝国无与伦比的声威,这深深地鼓舞了汉代文人,尤其是汉代赋家同样表现出强烈的政治热情和尚武精神。他们为

---

① (汉)司马迁:《史记》,北京:中华书局,2013年,第3248页。

帝国声威、气魄所感染,个人的内心世界激荡在现实的宏伟之中。这时他们的创作活动已不仅仅是个人情感的述说,而更多的是想谱写时代的乐章。

汉赋以高昂的笔调铺叙了壮阔的地理风貌、丰饶的物产和繁复的文化艺术,鲜明地展现了大汉帝国雄勃兴盛的气象。在赋家的笔下,抒发的是汉人征服他们所认知世界之后的自豪感。这明显地与表现死亡主题的西王母相悖,因此尽管西王母信仰在两汉演变成一时的狂热风潮,但并未在上层文学的汉赋中留下多少印迹。相反由于时代的召唤,一度被认定为"犯上作乱"的蚩尤却堂而皇之地上升为膜拜的"战神"。随着汉代社会环境的改变,神、神仙信仰以及士人与神仙沟通的方式都作出相应的调整,间接展示了汉代士人的精神风貌及心态。

第三节 汉赋对《山海经》空间方位的接受

刘勰《文心雕龙·诠赋》云:"赋者,铺也;铺采摛文,体物写志也。"所论是指赋者的叙述多表现出蔓延性和扩展性。朱光潜先生将其归纳为"空间艺术":"一般抒情诗较近于音乐,赋则较近于图画,用在时间上绵延的语言表现在空间上并存的物态。诗本是'时间'艺术,赋则有几分是'空间艺术'。"[1]汉赋常见的手法是从空间角度对名物作全方位的描摹:"以园囿、山川、建筑等作为描绘对象的汉赋作品,行文多触及身边之景象、身外之自然,阔大雄浑,恢弘大气。其上述特点,决定了叙事主体必须具有平面与立体相结合的框架意识,才能在阔大的视觉、超视觉乃至幻视觉的空间视阈中营造其叙事架构。"[2]司马相如在论及赋体创作时亦云:"合綦组以成文,列锦绣而为质,一经一纬,一宫一商,此赋之迹也。赋家之心,苞括宇宙,总览人物,斯

---

[1] 朱光潜:《诗论》,桂林:广西师范大学出版社,2004年,第153页。
[2] 李立:《论汉赋与汉画空间方位叙事艺术》,《文艺研究》2008年第2期。

第五章 汉赋对《山海经》的接受：浪漫主义的阐释

乃得之于内,不可得而传。"①即是说作赋就是从时间和空间的角度以中心辐射的方式将整个宇宙中的万事万物包容进来,表现出来。因此在赋作中往往尽其所能地描述出客体的方位、环境、特质等方面的特点,以求得全面完整的对空间、时间的认知。

如《子虚赋》中对云梦泽的描摹:"其中有山焉……其东则有蕙圃……其南则有平原广泽……其西则有涌泉清池,外……内……其中……其北则有阴林,其树……其上……其下……"赋中极力地表现以"中"为中心,依次东、南、西、北四方的名物,加上上下左右,全角度多层次对云梦一带的地理环境作描述。这在张衡《思玄赋》中也可以明显地看出,赋中的游仙路径由东、西、南、西北而最后至于昆仑,拜访西王母。而在中国神话中,昆仑山是居于天下中心的。扬雄在《蜀都赋》中刻画的蜀都梁州是:"禹治其江,渟皋弥望,郁乎青葱,沃野千里。上稽乾度,则井络储精;下案地纪,则坤宫奠位。东有……南则有……西有……北则有……"

这种气魄宏伟的全景地图式的"中心＋四方"的叙述模型,正是来自《山海经》的叙述特征。例如海外诸经的叙述即采取以"中心＋四方"的辐射模式,文中以灭蒙鸟为中心,依次描述西南、东南、东、东南、东、南等方位的远方异国。再如《南山经》中的描述:"又东三百七十里,曰杻阳之山,其阳……其阴……"《山海经》在东、西、南、北四方之外,以"中"居中,显示了"中"在中国古代五方位置中的特殊地位。早期"中"的概念认同,研究者认为是"法天观念的产物","就在于古人最初从北极独特的地位中所形成的神秘体验与神秘意象,以及由这些意象演化形成的中央居要(北极)四方来效的原型模式,产生的崇拜心理——崇信它是神圣而至上的超自然力存在,是秩序,是神明,是宇宙万物的本源与最高准则,是人类必须效法的基本楷模"②。《山海经》中的空间观念是上古时期的先民用全局的眼光来审视打量世界、把握世界的真实记录,表达了强烈的新奇感和模糊意识中的中央观念。

---

① (晋)葛洪:《西京杂记全译》,程章灿译,贵阳:贵州人民出版社,1993年,第65页。
② 陈江风:《"中央意识"文化观念的历史渊源》,《河南大学学报》(社会科学版)2000年第5期。

这一中央观念经过春秋战国的多元纷争格局的强化,逐渐形成。正如《中国古代方位观念初探》一文中所指出的:"在中国古人的方位观念中,'中'往往是皇权的象征。'中'指的是四方(东、南、西、北)之中,即中心位置的含义。"①在这一点上汉赋完全继承了《山海经》中的"中央观念",并且以更强化的方式来表达。

汉赋对于《山海经》的接受不仅在于方位描述上,甚至接受了《山海经》中以南方为起点的独特顺序。而这种方位顺序,迥异于中原地区的以东方为起点。蒙文通指出,司马相如《大人赋》也是以南方为叙述起点:"它先言'祝融惊而蹕御',次言'使句芒其将行',是由南而东。次又言弱水、流沙、昆仑、三危、西王母,这些都在西方,又次言幽都……是又由西而北。都是由南开始,由南而东,又另由西而北。这和《海外经》内地理排列顺序是基本相同的。"②这显然是接受了《山海经》中《海外经》《海内经》有关方位的记述传统,与中原地区的记载方式不同。赋家对于《山海经》方位的接受,既体现了汉赋"尚古"的特征,也可能是这一方位顺序就代表某种特殊性,因为南方向阳,温润适宜万物生长。在古人虔诚的太阳神崇拜下,有意突出"南"方位也是很可能的。诚如叶舒宪所说:"稍加留心就不难看出,这种按照南西北东中的顺序展开的空间秩序并不是从现实的地理勘察活动中总结归纳出来的,而是某种理想化的秩序理念的呈现。"③

有汉一代,疆域已经远远超过前代,"东西九千三百二里,南北万三千三百六十八里……民户千二百二十三万三千六十二,口五千九百五十九万四千九百七十八"(《汉书·地理志》)。扩张的疆域既带来了强烈的新奇感,同时伴随着高涨的自豪感。正因为如此,汉人在打量自己所面对的崭新世界时,不但有着第一次征服世界的自豪感,同时又带着强烈的炫耀。而伴随着这种极度的炫耀与自豪的,是汉赋中所表现出的唯我独尊、跨越时空的大汉意

---

① 张保宁:《中国古代方位观念初探》,《人文地理》1998年第2期。
② 蒙文通:《巴蜀古史论述》,成都:四川人民出版社,2019年,第184页。
③ 叶舒宪:《〈山海经〉神话政治地理观》,《民族艺术》1999年第3期。

识。而"《山海经》一书的构成,带有明确的政治动机,它之所以出现,和上古文化走向大一统的政治权力集中的现实需要密切相关"①。这就为走向一统的汉代文化权力话语提供了有力的借鉴。

第四节 汉赋对《山海经》尚奇特征的接受

《山海经》的"奇"是无处不在的,记有域外奇人异国、珍稀之物、奇异之象,从而描绘了一个神奇的世界。唐人杜佑从《山海经》作者的角度指出:"《禹本纪》《山海经》,不知何代之书,详其恢怪不经,宜夫子删诗书以后尚奇者所作。"《山海经》的"奇"的表征更多的是体现在变形体的构造方面:

1. 异体共构

杨义先生归纳为:"《山海经》的异体共构更为质朴,却方式多姿多彩。其异体共构的具体方式,大抵有加(多类合体)、减(一体缺肢)、乘(夸大体形)、除(缩小体形)等分别,有时也会出现两种或两种以上方式的交叉。"②做"加"法的如《海外北经》的记载:"相柳者,九首人面,蛇身而青。"相柳兼有人与兽身体上能力最为突出的部位,借着这种奇妙的组合,获得了力的扩展,使其在与自然的搏斗中获得优势,成为理想的征服自然的主宰者。

2. 同体转化

原始人面对短暂的生命,采取一种运用生命形体的转化来延续现实中有限的生命。如"又东二百里曰姑媱之山,帝女死焉。其名曰女尸,化为䔄草,其叶胥成,其华黄,其实如菟丘,服之媚于人"③。

---

① 叶舒宪:《〈山海经〉神话政治地理观》,《民族艺术》1999年第3期。
② 杨义:《〈山海经〉的神化思维》,《中山大学学报》2003年第3期。
③ 袁珂:《山海经校注》,上海:上海古籍出版社,1980年,第142页。

需要指出的是，《山海经》中的想象、夸张的表达，我们称之为"神话奇幻思维"，它不同于后世将其取而代之的理性奇幻思维："随着人类对自然和社会认识的进化，神话意象中的迷离和曲折，逐渐开始向具体和清晰的方向发展，它的内涵也逐渐丰富起来。……这无疑是前期神话奇幻思维的巨大进步，同时也意味着它已达到顶峰，即将被理性奇幻思维所取代。"[1]

汉赋亦尚奇，王充《论衡》认为："颂文谲以奇，彰汉德于百代，使帝名如日月……"汉人说的"颂"就包括辞赋等文体。清人刘熙载在《艺概·赋概》中说得更清楚："赋取乎丽，而丽非奇不显，是故赋不厌奇。"二者都说明汉代辞赋创作和怪异、诡谲相关联。而《山海经》中奇异瑰丽的想象恰好给汉赋作者提供了极好的创作模式，也是汉人作赋的重要资料来源，"它以山海之所经，历述怪兽异人的地域分布和由此而产生的神话和巫术的幻想，进而成为百世神异思维的经典"[2]。因此《山海经》中的奇禽怪兽就成了汉赋创作者们随手拈来的题材库。

如《史纪·司马相如传》索隐引晋灼注说："此虽赋上林，博引异方珍奇，不系于一也。"正是指出了司马相如的《上林赋》在叙述事物时的特点。如前文所述，《山海经》一书，蒙文通考证为春秋战国时期巴蜀人之作，[3]因此有理由相信《山海经》必然会在巴蜀地区广为流传，而身为蜀籍的汉赋作家司马相如的创作自然会更多地受到《山海经》的影响。我们以《天子游猎赋》为例：

其南则隆冬生长，涌水跃波，其兽则庸旄貘犛，沈牛麈麋，赤首圜题，穷奇象犀。其北则盛夏含冻裂地，涉冰揭河；其兽则麒麟角端，駒騟橐驼，蛩蛩驒騱，駃騠驴骡。[4]

---

[1] 宁稼雨：《〈山海经〉与中国奇幻思维》，《南开学报》1994年第3期。
[2] 杨义：《〈山海经〉的神化思维》，《中山大学学报》2003年第3期。
[3] 蒙文通：《巴蜀古史论述》，成都：四川人民出版社，2019年，第197页。
[4] （汉）班固：《汉书》，北京：中华书局，2005年，第1943页。

这段铺陈的奇异之兽，多是出之于想象的而非实有者，却大都和《山海经》有关：赤首，王先谦《汉书补注》曰："《东山经》：'北号之山，有兽焉。其状如狼，赤首鼠眉，名曰猲狙。'《中山经》：'即公之山，有兽焉。其状如龟，而白身赤首，名曰蛫。'此'赤首'未定何兽也。"王先谦虽不确定赤首具体为何物，但认为其来自《山海经》应当无疑。貘，俗称四不像，出于《山海经》。"穷奇"，《海内北经》："穷奇状如虎，有翼，食人从首始。""騊駼"，李善引张揖曰："《海外北经》曰：'北海内有兽，状如马，名騊駼。'"司马相如不仅袭用了《山海经》中的诸多怪兽，更为重要的是，用新奇的、猎奇的方式集中铺陈描写，造成了兴奋奇异而又异彩纷呈的效果，在这一点上完全是和《山海经》一脉相承的。

同样是蜀郡辞赋大家，扬雄在尚奇逐异这一点上较之他的前辈司马相如有过之而无不及。与司马相如多以铺陈夸饰表现为奇不同的是，扬雄赋则以神话入手，展示其尚奇的一面。扬雄著名的《甘泉赋》《河东赋》《羽猎赋》都频繁用神话来表现其诡奇之丽，因而《山海经》中意象自然是必不可少的参照物。如《甘泉赋》云："想西王母欣然而上寿兮，屏玉女而却虙妃。"在司马相如的赋作中西王母已是一个皓首的老太太，扬雄则将这个神仙现实化，指出西王母的高寿使皇帝思索自我的人生，悟出好色损寿，必须清静寡欲才能获得西王母的长生不死。

再比如深受蜀郡辞赋大家司马相如、扬雄等人影响的东汉张衡在赋作中为表现其"奇"，至少有两处是明显化用了《山海经》的奇人奇兽：一是《思玄赋》中"超轩辕于西海兮，跨汪氏之龙鱼"，此句意谓：轩辕国人寿至千岁，但是还不足以使我娱乐云云。张衡是用了《山海经·海外西经》中轩辕之国人皆长寿的典故："轩辕之国在此穷山之际，其不寿者八百岁。"二是《东京赋》中"囚耕父于清泠，溺女魃于神潢"，这里的耕父的典故来自《中山经》："东南三百里曰丰山……神耕父处之，常游清泠之渊，出入有光，见则其国为败。""女魃"则出自《大荒北经》："有人衣青衣，名曰黄帝女魃。"

汉赋中除了这些能够直接看出来自《山海经》的内容外，尚有一些仿照《山海经》的方式创造的奇形怪兽。如王延寿《梦赋》"鬼神之变怪"云："则蛇头而四角,鱼首而鸟身,三足而六眼,龙形而似人。"这种种合体的怪兽形象,是《山海经》中常见的生成怪兽的手段,《梦赋》作者无疑受到其影响。赋中讲到的多种鬼怪之物,其中多见载于《山海经》,"蛇头而四角"有可能来自《西山经》中的"状如鹿而白尾,马足人手而四角"的獂如;"三足而六眼"的创作灵感当是"其状如鸡,而三首、六目、六足、三翼"的鹝鹅,或是"白首、三足、人面"的瞿如;"鱼首而鸟身"可能是"其状如鲋鱼,鱼首而彘身,食之已呕"的鲐父之鱼;"龙形而似人"的怪物则可能是山神:"龙身而人面"的天虞之山和南禺之山之神等。此外,汉赋中亦频频使用《山海经》中的地名如"清冷之渊""大荒之野""丹水""女床之山",怪兽如"鸣蛇""蛮蛮",神话传说如西王母、三足乌等,更是屡见不鲜。

《山海经》本是由历代巫士经年编辑而成,有很强的民间叙事特征。民间叙事的重要特征便是传奇性。由此可知,《山海经》在滋育汉代赋家"尚奇"的阅读期待方面起了相当重要的作用。对汉赋"尚奇"精神的探讨,有助于深入地了解《山海经》对文学的宏观影响,同时,赋家在尚奇心理的作用下,往往迫切地需要以奇制胜,无形中推动了汉赋文学的发展。

综上所述,大致可以勾勒出《山海经》在汉代赋家中传播的具体生态。汉赋对《山海经》在奇禽异兽、空间方位等方面皆有充分的接受,尤其是《山海经》的尚奇特征激发了汉赋作家在创作上的新尝试,为文学的发展注入新的发展动力。同时,汉赋运用《山海经》驰骋想象的表达,巧构幻境,虚拟神怪,丰富和发展了赋作的创作方法,对后世赋体文学产生深远的影响。

不足的是,从地理范围上来看,汉赋作家对《山海经》的接受还是比较狭窄的,主要有蜀地作家司马相如和扬雄等,其他非蜀籍作家大都是简要提及。唯涉及较多《山海经》的非蜀籍赋家是汉末南阳张衡,他对《山海经》的接受较为明显。其原因,一方面是东汉末《山海经》在社会高频率的传播下的高普及率;另一方面是张衡意识到在即将分崩离析的大一统的背景下,政治上难有作为,他不得不选择归隐的生活方式,并且在创作中努力寻求个体生命的超脱,而《山海经》中的奇幻世界则为其提供了很好的心灵归宿。

第六章　汉画像艺术对《山海经》的接受：民间叙事的视域

"所谓汉画像石,实际上是汉代地下墓室、墓地祠堂、墓阙和庙阙等建筑上雕刻画像石的建筑构石。"①"所以,当今汉代画像石研究的对象不只是汉代画像石拓片,而是地上地下有关汉代画像石的考古资料及其相应的反映汉代画像石的文献资料。……就用途而言,其中包括汉代画像石椁墓、汉代画像石墓、汉代画像石碑、汉代画像石祠、汉代画像石阙、汉代画像崖墓、汉代画像石棺……散存的汉代画像石刻。"②汉画像艺术是典型的象征主义艺术,人们的审美幻想以符号的方式在画像石中得到了象征性的再现。作为刻画在坟墓、祠堂、石阙、石棺或布帛上的图像,系统地表现了汉代人的宇宙、生死、时空、人鬼、神仙、怪兽等观念。汉画像艺术生动再现了两汉三百多年间的全方位的社会场景,这是研究汉代政治、经济、思想、文化以及风俗习惯的重要途径。翦伯赞先生是这样评介画像石的:"这些画像假如把它们有系统的搜辑起来,几乎可以成为一部绣像汉代史。"③汉画艺术中大量使用了《山海经》的内容、表现手法,例如早期汉墓卜千秋墓中有大量的壁画内容来自《山海经》,李淞先生认为:"墓中壁画充满各种神异形象,几乎可看作是《山海经》的插图本。"④

---

① 信立祥:《汉代画像石综合研究》,北京:文物出版社,2000年,第1页。
② 信立祥:《汉代画像石综合研究》,北京:文物出版社,2000年,第4页。
③ 翦伯赞:《秦汉史》,北京:北京大学出版社,1983年,第5页。
④ 李淞:《论汉代艺术中的西王母图像》,长沙:湖南教育出版社,2000年,第283页。

第一节 汉画像艺术中有关《山海经》内容考证

就汉画像的内容来讲,神话以及变异的神话是其主要内容之一,有学者认为:"汉代墓葬画和画像石所包含的神话形象,就是研究古代神话演变问题的重要材料之一。"[①]而汉画艺术创作的重要参照系就包括《山海经》,以至于当今的考古工作者在确定画像内容时,《山海经》仍是重要的参照书:"我们揣测《山海经》原图,有一部分亦为大幅图或雕刻,有类于今日所见画像石,故经文常云:某某国在某某国东,某某国在某某国北,某人方作某事,似专为记述图画而成文者。由于《山海经》具备这些特点,我们今日以之与沂南石刻相比证,是很适宜的。"[②]因而,我们有必要从接受的角度去审视汉画艺术,借以了解汉画艺人们的创作特点及模式,这将有助于我们管窥汉代普通民众的思想世界和汉画艺术在汉代所呈现出来的丰厚的宗教意识、伦理道德规范等内容。

一、汉画像西王母系统中《山海经》元素

1. 西王母

西王母在汉代有崇高的地位,是画像石中最常见的题材。有学者指出:"从时间上看,自西汉昭宣帝年间的洛阳卜千秋墓中的壁画至东汉末建安年间的铜镜,均可见到西王母形象。……从地位上看,西王母在民间信仰的诸神中享有特别崇高的地位,位居伏羲、女娲、黄帝、神农、尧、舜等传说人物之

[①] 谢选骏:《神话与民族精神》,济南:山东文艺出版社,1986年,第129页。
[②] 南京博物院、山东省文物管理处编:《沂南古画像石墓发掘报告》,北京:文化部文物管理局,1956年,第43页。

第六章 汉画像艺术对《山海经》的接受：民间叙事的视域

上。"①但画像石中西王母的形象随着时间推移、地域的变化产生较大的改变，难以辨明和《山海经》的直接关联，唯在早期的汉画系统中我们可以清晰地看到《山海经》的印迹。我们先来看《山海经》中西王母的形象，凡三见：

  材料一：《西山经》曰："又西三百五十里，曰玉山，是西王母所居也。西王母其状如人，豹尾虎齿而善啸，蓬发戴胜，是司天之厉及五残。"

  材料二：《大荒西经》曰："西海之南，流沙之滨，赤水之后，黑水之前，有大山，名曰昆仑之丘。有神，人面虎身，有文有尾，皆白，处之。其下有弱水之渊环之，其外有炎火之山，投物辄然。有人，戴胜，虎齿，有豹尾，穴处，名曰西王母，此山万物尽有。"

  材料三：《海内北经》又云："西王母梯几而戴胜杖，其南有三青鸟，为西王母取食。"

根据小南一郎的观点，材料一属于最古老的层次，可推定为上溯至战国初期的观念，材料三时代略晚，材料二或是下至汉代的产物。②据此，从以上三条记载中，可以归纳出《山海经》时代对西王母的一些认识信息，首先形象是半人半兽的："豹尾、虎齿、戴胜"；女神是"梯几"而坐，梯，郭璞解读为"梯谓冯也"。"几"，《说文·几部》："踞几也"，故"梯几"袁珂先生释为"依几案而坐"；这位女神的职业是司职灾疫和刑罚；女神住在洞穴之中，这个洞穴位于昆仑山；陪伴这位女神的是为其取食的三青鸟。显然，文中对于西王母形象的描述更多体现出西王母凶煞、可怕的原生形态和原始气息。

汉画像艺术中，《山海经》中西王母形象为汉代画像艺人作画提供了直接的素材。头上"戴胜"和陪伴的"三青鸟"几乎是画像石艺术中西王母必备

---

① 牛天伟、金爱秀：《汉画神灵图像考述》，洛阳：河南大学出版社，2009年，第52页。
② （日）小南一郎：《中国的神话传说与古小说》，孙昌武译，北京：中华书局，1993年，第26页。

的附属物件,而"豹尾虎齿"的原始性可能衍化为多种变形的图像表达,如在人形的西王母身边增设大量的半人半兽的随从,以表示西王母环境的原始性。在汉画像艺术中西王母很多时候并非单个出现,而是构成一个较为完整的系统,根据鲁惟一的概括,这个系统一般包括10个要素:"1. 头饰'胜';2. 龙虎座;3. 捣药之玉兔;4. 蟾蜍;5. 三足乌;6. 执兵器之侍卫;7. 供养者;8. 九尾狐;9. 六博戏;10. 昆仑山。"①

较之《山海经》中的西王母,汉画像中西王母形象既温柔得多也复杂得多,对于诸要素的考证,论述者颇多,兹不赘述。更应关心的是以下两点:第一,《山海经》文献中"原始"的西王母形象在汉画像中是否有呈现。第二,汉画像中西王母的随侍是否有和《山海经》中"原始"符号意义相同的。

(1) 有关西王母"原始"的画像

西王母在西汉初期就已经完全摆脱了人兽合体的状态,这点我们从司马相如的《大人赋》中可知:"低回阴山翔以纡曲兮,吾乃今日睹西王母,皬然白首戴胜而穴处兮,亦幸有三足乌为之使。"根据这段描写,西王母的"豹尾、虎齿"的狰狞面目已经不见了,取而代之的是一个白发老太太的形象。这个形象在偃师辛村汉代壁画墓中找到佐证,"辛村西王母为白发像,头上仅用一些墨线勾出头发,底色与肤色相同,而画面其他地方都填有颜色……同墓壁画中的男女形象都填有黑发,惟西王母像填以白色"②。由此可以推断,汉代的西王母画像就是由这一形象出发,尽管因时间、地域的关系存在些许差别,但总体上的差别并不是很大,基本遵循"长寿的老妇人——贵妇人"的转变。

更应关注的是在一些地方西王母的画像形象却也出现"返祖"(李淞语),所谓返祖我们认为是画像艺术依照《山海经》记载的半人半兽的形状创造西王母外形。这在山东滕县西户口画像石墓(图6-1)中可以找到证据:

---

① LOEWE M. *Ways to Paradise: The Chinese Quest for Immortality*. London: Unwin Hyman Press, 1979, p.112.

② 李淞:《论汉代艺术中的西王母图像》,长沙:湖南教育出版社,2000年,第42页。

第六章　汉画像艺术对《山海经》的接受:民间叙事的视域　　147

图 6-1　山东滕县西户口西王母画像①

这是一个以西王母为中心的世界,西王母像旁刻有"田王母"三字,李凇认为"'田'与'西'字形相似,应是刻工笔误"。西汉之后的西王母图像已完全是妇人形象,而此幅画像西王母的嘴唇与一般刻法全然不同,牙齿锋利,显然是依照《山海经》中所描写"虎齿"而来。为了增加西王母的"兽性",唇上左右两边还画有三道虎须,屁股下面似乎还有一条盘起来的尾巴,犹如《山海经》中记载:豹尾。对于这一"返祖"现象,李凇认为:"由于东汉初期这里刚刚开始兴起刻造西王母图像,画工对外地流行的图像不很熟悉,故结合古老传说而创造。"②这里的"古老传说"即可认为是《山海经》在此地的流传。无独有偶,在其他地区的早期画像砖中也有类似的情况,如图6-2、图6-3所示。

图 6-2　郑州画像砖西王母像③ 　　**图 6-3　淮北市电厂西王母像④**

图6-2的图版解说为:"西王母蓬发锐齿,身着短衣,双手持一杖,肩上

---

① 山东省博物馆编:《山东汉画像石选集》,济南:齐鲁书社,1982年,图229。
② 李凇:《论汉代艺术中的西王母图像》,长沙:湖南教育出版社,2000年,第80页。
③ 周到、吕品、汤文兴编:《河南汉代画像砖》,上海:上海人民美术出版社,1985年。
④ 中国画像石全集编辑委员会编:《中国画像石全集——江苏、安徽、浙江汉画像石》,济南:山东美术出版社,2000年,图191。

站立的三足乌,蹲坐的是九尾狐,胯下耸起山峰是昆仑之丘。"①"蓬发锐齿",正是为了说明其原始、狰狞的一面。日人小南一郎虽不确定是否为西王母,但非常倾向于为西王母的原型,故将其定名为"异形西王母",并且还指出"它那令人恐怖的外貌很像是《山海经》中所说的豹尾虎齿的西王母,也许是还保留有古老的西王母观念的产物"②。

图6-3为淮北市电厂出土的一幅画像,西王母端坐在高台之上,四周群山环绕,似在模拟《山海经》中的昆仑世界。画像中西王母的面部特征无法辨别,但可看出她头戴山字形冠,两肩披凤羽,身着锦衣,两手置于胸前,屁股却露出长长的尾巴。也是在突出显示《山海经》中西王母"豹尾"的特征。

(2) 西王母随侍"原始"特征

① 昆仑山《山海经·大荒西经》中明确提到昆仑山和西王母的关系:"西海之南,流沙之滨",晋郭璞云:"《河图玉版》亦曰:'西王母居昆仑之山。'《西山经》曰:'西王母居玉山。'《穆天子传》曰:'乃纪名迹于弇山之石,曰西王母之山也。'然则西王母虽以昆仑之宫,亦自有离宫别窟,游息之处,不专住一山也。故记事者各举所见而言之。"③在汉画像西王母系统中,昆仑山多数被其他的物件所代替,比如龙虎椅、树形基座等,以赋予新的含义。但在早期的汉画像中西王母形象大都坐在山上,忠实地依据《山海经》文本的记载。如郑州画像砖(不晚于新莽时期)(图6-4)。

图6-4 郑州画像砖中西王母④

① 周到、吕品、汤文兴编:《河南汉代画像砖》,上海:上海人民美术出版社,1985年,第89页。
② (日)小南一郎:《中国的神话传说与古小说》,孙昌武译,北京:中华书局,1993年,第98页。
③ 袁珂:《山海经全译》,贵阳:贵州人民出版社,1991年,第308页。
④ 郑州市文物考古研究所:《郑州市南关外汉代画像空心砖墓》,《中原文物》1997年第3期。

图 6-4 有连绵起伏的高山,一人坐于山上,前有玉兔捣药与长青树,后为山凹,山凹立有一人,手捧三足乌,身后仍有山和长青树,天上飞有一鸟。此处连绵起伏的高山用以表达文献记载的昆仑山。甚至还刻有昆仑山的守护神开明兽的图像:"左部之虎应为开明兽,把守昆仑山的大门。虎后之树,为不死树,《山海经·海内西经》云:'开明北……有不死树。'"①再比如图 6-5。

图 6-5　新野樊集吊窑 M37 西王母像②

画中整个西王母的世界被安排在一片崇山峻岭之中,其中西王母居于最主要的位置,在其左右设置了众多的陪侍。这个山应是昆仑山无疑。

图 6-6　邹城金斗山西王母③

图 6-6 为邹城金斗山出土的一组画像石,从其规格和形制看,应是一组小祠堂的部件,该图是将西王母安置在野兽的群体之中。画像石中的西王母位居画面上端,其形象是戴胜、凭几,左右各有一侍者执便面④伺候,侍

---

① 郑州市文物考古研究所:《郑州市南关外汉代画像空心砖墓》,《中原文物》1997 年第 3 期。
② 南阳文物研究所编:《南阳汉代画像砖》,北京:文物出版社,1990 年,图 159。
③ 山东省博物馆编:《山东汉画像石选集》,济南:齐鲁书社,1982 年,图 126。
④ 便面:古代用以遮面的扇状物。

者身后飘荡着云气。西王母座下一只九尾狐,正在匆匆忙忙地赶路。接着是带翼的鹿、龙、虎等神异动物和熊、龟、兔等,动物间也缭绕着云气。西王母和群兽杂处是《山海经》的说法,这里的场景应该是《山海经》中西王母世界的形象表述。

2. 三青鸟

《山海经·海内北经》:"其南有三青鸟,为西王母取食。"从中可知三青鸟是西王母的役禽。三青鸟亦称三足乌,司马相如《大人赋》云:"吾乃今日睹西王母。暠然白首戴胜而穴处兮,亦幸有三足乌为之使。"张守节注云:"三足乌,青鸟也,主为西王母取食。"徐州汉画石①中就有一大鸟为西王母取食的形象:此鸟口中衔一物,站立于西王母所居的楼阁下层之中。此画像正可与《山海经》文献相印证。

3. 几

前文所论西王母"梯几",即谓西王母凭靠在几案上。这一特征虽然在后期的发展中由于地域的差异、时间的变化,逐渐为其他更加世俗化的物品所代替,但在早期的画像石中梯几这一特征与《山海经》文本的记载还是一致的。

图6-7中西王母居于画面的一侧,正面凭几而坐,左右羽人、捣药神兔、九尾狐等侍从依次而立,颇显西王母的威严。

图6-7 洛阳画像砖西王母②

---

① 徐州博物馆编:《徐州汉画像石》,南京:江苏美术出版社,1985年,图11。
② 史家珍、李娟:《洛阳新发现西汉画像砖》,《中原文物》2005年第6期。

第六章 汉画像艺术对《山海经》的接受：民间叙事的视域

从上述西王母版图可以看出，在早期的汉画艺术创作过程中西王母及其附属物的形象当是参照了《山海经》文本或者是《山海图》。它们保留了西王母"原始"特征，还没有大规模地出现地域化和世俗化的倾向。这一时期西王母还是半人半兽的怪物，她在图版中也不是处在视觉的中心位置，偶像式的中心地位尚未明确。但很快，随着汉人对于死后世界的强烈关注，掌管不老药的西王母的形象也逐步产生新的变化，她的形象不断"完美"。这也证实了，《山海经》中的神话内容随着社会的发展而逐步适应人们新的社会心理，从而销蚀了远古神话思维在现实中的作用，使奇异的想象、夸张、变形转化为宗教式的迷狂，由此而构成的西王母艺术世界里，人、神、兽的界线也逐渐消弭了。

二、异兽

汉画像中有大量的异形兽，其中包括人蛇兽、人虎兽、人鱼兽、人鸟兽、人龙兽、人猪兽、人马兽、人牛兽、人犬兽，等等。这些神人形象是具有人的体貌特征和情感的异兽，也可以把他们看作以人的形体为主却具有特殊神力的神灵。"这些神灵具有特异的功能，是现实的人无法企及的。"[1]这些异形兽在《山海经》中都有迹可循，但因为画工的创作带有随意性，未必就完全是依葫芦画瓢："石工或画匠一方面有自己的职业传统，一方面需要配合造墓者的要求。不过，他们并不一定完全听命于造墓者，常常可以有自己创作发挥的空间。尤其是一些有名的师傅，各方争相礼聘，不仅可能自主创作，甚至可能带动流行，建立典范，形成传统。"[2]因此，如果强将画像中的图像指定为《山海经》中的某物未免有削足适履之嫌。但毋庸置疑的是汉画像中异兽的创作一定是深受《山海经》的影响。汉画像艺术中可以确认的有以下

---

[1] 李炳海：《人的形貌描写与自然生命力的显现——中国早期文学的一个透视点》，《文艺研究》2006年第10期。
[2] 邢义田：《画为心声：画像石、画像砖与壁画》，北京：中华书局，2011年，第48页。

《山海经》神兽：

（1）人面鸟

图6-8中的人面鸟，头戴三山冠，眉目清晰，墨线勾勒身体，双翅紧合，尾部稍短微翘，符合《山海经·北山经》所记载："有鸟焉，其状如乌，人面。"《山海经·中山经》："其神状皆鸟身而人面。"

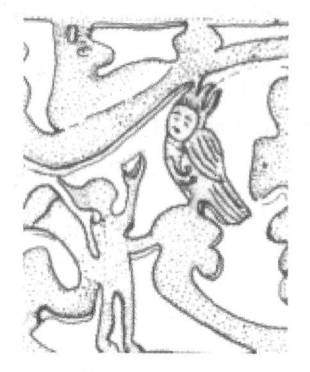

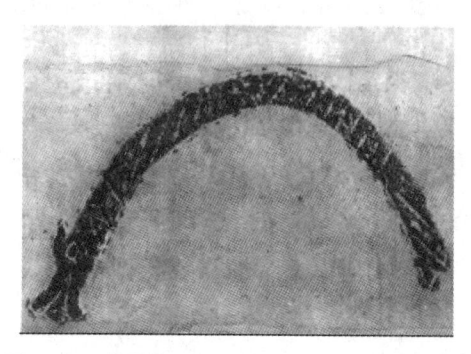

图6-8 绥德贺家沟出土（局部）① 图6-9 徐州铜山县大庙出土（另一首残缺）②

（2）龙首彩虹

《山海经·海外东经》云："在其北，各有两首。"郭璞注："虹，螮蝀也。"清人郝懿行疏云："虹有两首，能饮涧水，山行者或见之。"图6-9的虹神，外形为龙形，应是与雨水有关。将其图像刻画在墓葬中，无非是祈祷人间风调雨顺、五谷丰登。

（3）开明兽

《山海经·海内西经》云："昆仑之虚，在西北，帝之下都。……面有九门，门有开明兽守之……开明兽身大类虎而九首，皆人面，东向立昆仑上。"汉画像艺术中就有人头虎身兽的形象，这种神虎被刻在西王母居住的昆仑山中，很显然汉画像中的人头虎也就是西王母的看门神兽（如图6-10、6-11所示）。《山海经·西山经》还提到另一个守御天门的神兽，名叫陆吾："昆仑之丘，是实惟帝之下都，神陆吾司之。其神状虎身而九尾，人面而虎

---

① 赵力光：《绥德贺家沟新出土汉画像石——兼考人面鸟身为青鸟》，《考古与文物》2005年第5期。
② 王建中、闪修山：《南阳两汉画像石》，北京：文物出版社，1990年，图273。

爪;是神也,司天之九部及帝之囿时。"汉画艺术中除了表现九头人面的开明兽以外,汉代工匠还"开发"了单头人面兽、两头人面兽、三头人面兽以及人面鸟身形象。这些奇诡神怪都是源于《山海经》的记述,亦只是昭示吉凶而已。

图 6-10 滕州张汪镇孔集村出土(局部)①　　图 6-11 徐州茅村出土(局部)②

(4) 凤鸟戴蛇

图 6-12 刻一展翅欲飞的凤鸟,凤鸟身上缠一蛇,双脚踏于两山之上。这符合《山海经·海内西经》中的记载:"昆仑之虚,方八百里,高万仞……面有九门,门有开明兽守之……开明西有凤皇、鸾鸟,皆戴蛇践蛇,膺有赤蛇。"据考证凤鸟戴蛇和冥界相关:"画面中的两山相对如阙,也许就是蜀人传统神话中所说的'天彭门'。在战国秦汉时期的巴蜀地区,尤其是在蜀人中,存在着人死后魂归岷江的信仰……从某种意义上讲,汉代时西南地区画像

图 6-12 南溪县长顺坡墓2号石棺③

---

① 李锦山:《鲁南汉画像石研究》,北京:知识产权出版社,2008年,图103。
② 中国画像石全集编辑委员会编:《中国画像石全集——江苏、安徽、浙江汉画像石》,济南:山东美术出版社,2000年,图63。
③ 南溪县文物管理所:《南溪县长顺坡画像石棺清理简报》,《四川文物》1996年第3期。

中所表现的昆仑山,与冥界有密切的关系。"①

(5) 三头人离朱

在济宁城南张村出土画像(图6-13)中,分别有二头人、三头人、五头人和七头人。其中三头人见于《山海经·海外南经》:"三首国在其东,其为人一身三首。"《山海经·海内西经》:"服常树,其上有三头人,伺琅玕树。"据袁珂先生考证,三头人名离朱,是黄帝时的明睹,盖为日中三足

图6-13 济宁城南张村出土②

神禽演变而成。③因此,三头人在墓葬中和日月有关,表示祥瑞。至于二头人、五头人以及七头人应是取材于《山海经》中的形象,汉墓工匠在图像创作中又根据实际的需要进行了加工改造。

(6) 操蛇之神

《山海经》中有多处神人操蛇形象,且多与巫觋相关。如《山海经·海外西经》:"巫咸国在女丑北,右手操青蛇,左手操赤蛇,在登葆山,群巫所从上下也。"许慎《说文》认为巫咸本就是巫的首领:"古者巫咸初作巫。"汉代社会视死如生,并且期盼能够到达人生的彼岸——成仙,但这条道路并不是一帆风顺的,会受到种种的威胁,能够操蛇的神巫自然具有超自然的能力,

图6-14 淮北市梧桐村出土操蛇之神④

---

① 罗二虎:《四川南溪长顺坡汉墓石棺画像考释》,《四川文物》2003年第6期。
② 山东省博物馆编:《山东汉画像石选集》,济南:齐鲁书社,1982年,图141。
③ 袁珂:《山海经校注》,上海:上海古籍出版社,第303页。
④ 管思浩、霍启明、尹世娟:《山东临沂吴白庄汉画像石墓》,《东南文化》1999年第6期。

能够帮助墓主清除恶鬼,为墓主人在另一个世界的安宁清除障碍。图6-14所显示的操蛇之神形象是为了镇邪驱鬼和保护阴间的安宁。

(7) 烛龙

《山海经·大荒北经》说:"有神,人面蛇身而赤,直目正乘,其瞑乃晦,其视乃明,不食不寝不息,风雨是谒。是烛九阴,是谓烛龙。"烛龙的形象在汉画像艺术中并不常见,而图6-15正是刻画的人面蛇身"烛龙"。大概是某个画工觉得埋葬于地下,属阴,这里是没有阳光的,故将能带来光明的烛龙引入其中。

图6-15 山东莒南县东兰墩孙仲阳阙①

(8) 马腹

图6-16、6-17中人面虎身的怪兽,与《山海经》所记的"马腹"相同。《山海经·中山经》:"又西二百里,曰蔓渠之山……有兽焉,其名曰马腹,其状如人面虎身,其音如婴儿,是食人。"这种兽也应是用于镇墓辟邪的守护神。

图6-16 永城太丘一号汉墓出土 　　图6-17 永城固上村二号汉画像石墓出土②

---

① 山东省博物馆编:《山东汉画像石选集》,济南:齐鲁书社,1982年,图435。
② 闫根齐、米景周、李俊山编著:《商丘汉画像石》,郑州:河南美术出版社,1991年,图28、图43。

三、阳乌载日

《山海经·大荒东经》载:"大荒之中,有山名曰孽摇頵羝,上有扶木,柱三百里,其叶如芥。有谷曰温源谷。汤谷上有扶木。一日方至,一日方出,皆载于乌。"图6-18 画像石中的乌背上背着太阳,乌也就是运载太阳的工具,两只乌相向而飞则表明"一日方至,一日方出",犹如今天的"交接班"。汉画像石中如此"注脚"式的图像,说明汉代画工对于《山海经》内容的熟悉程度,也表明《山海经》在当时的流行状况。

图6-18 南阳市一中出土阳乌载日①

四、异国

(1) 氐人国

图6-19 山东济宁出土的氐人国　　图6-20 滕县出土氐人国②

---

① 王建中、闪修山:《南阳两汉画像石》,北京:文物出版社,1990年,图271。
② 山东省博物馆编:《山东汉画像石选集》,济南:齐鲁书社,1982年,图146、图241。

图 6-19、6-20 中人面、鱼身、无足的人形物种,当是《山海经》所记载氐人国无疑。《山海经·海内南经》:"氐人国在建木西,其为人,人面而鱼身,无足。"陶思炎认为,将鱼的形象纳入墓葬中当是图腾主义的孑遗,寄托着死者返回图腾氏族的信仰观。① 因此,汉画像中的氐人表现了汉代人对鱼的崇拜,这里的鱼已超越普通的含义,而是以神格的形象出现的,是希望死者的魂灵可以得到祖先神的庇佑。

(2) 贯胸国

图 6-21 四人以木棍穿二人之胸,抬着行走。《山海经·海外南经》:"贯胸国在其东,其为人,匈(胸)有窍。"《史记》:"禹致群神于会稽山,防风氏后至,禹杀而戮之。"但据《艺文类聚》卷九六引《括地图》载:"神惧,以刃自贯其心而死。禹哀之,瘗以不死草,皆生,是名穿胸国。"该画像中贯胸国的图像似在颂扬穿胸之忠。

图 6-21 山东长清孝堂山石祠堂②

五、榜题

所谓榜题是指刻写在画像旁用于介绍人物、事物名称和内容的文字,榜题可以起到对画像解释说明的作用。如武梁祠中一段榜题的铭文几乎和《山海经》的描述如出一辙:"有鸟如鹤……名……白噣……其鸣自……"这段文字残缺不全,但幸运的是,从寥寥数字中我们却可以肯定地推断出它来自《山海经》。因为在《山海经》中我们可以轻易地找到类似的表述:"有鸟焉,其状如鹤,一足,赤文青质而白喙,名曰毕方,其鸣自叫也。"

汉画像石的世界是以一个不同于文本文献的图像形态呈现的,从中可

---

① 陶思炎:《中国鱼文化》,南京:东南大学出版社,2008 年,第 100 页。
② 山东省博物馆编:《山东汉画像石选集》,济南:齐鲁书社,1982 年,图 43。

以形象地了解汉人的精神世界。它表现汉人对死后世界的想象，构造了一个神奇瑰丽但又有着内在关联的宇宙。这其中包含了两汉时期天人合一观念下的儒家思想、谶纬学说、阴阳五行、方士的升仙思想等等。从上述列举版图可以看出，画像中刻画的大量神话内容及神怪形象，多取材于《山海经》，或与《山海经》中的描绘一脉相承，这些繁复庞杂的图像有别于文本材料单纯文字描述的特征，在功能和绘画构图方面都能保持《山海经》的原始特征，这就为我们了解《山海经》在民间的接受提供了第一手直观的资料，由此窥见画工创作图像的基本方法和心理意图。

第二节　汉画像艺术的传播学分析

从目前出土文物来看，汉画像比较集中在山东、河南、江苏和四川一带。按照蒋英炬和杨爱国的分法全国主要分为四个区域：（一）山东、苏北、皖北、豫东地区；（二）河南南阳、鄂西北地区；（三）四川、重庆地区；（四）陕西榆林、晋西北地区。据目前的考古资料，早期画像多发现于上述的区域一和区域二，主要为今山东枣庄、临沂、微山湖地区，以及江苏徐州和河南南阳、永城等地，然后分别向西南地区的四川、重庆和西北地区的榆林等地辐射，其顺序应是先西南地区后西北地区。

对于中原地区汉画像艺术的发生来说，除了这些地区经济发达、冶金技术成熟外，更重要的是，这一带多王侯贵族聚居区，有需求、有实力承担起汉画像艺术。徐州是高祖刘邦的家乡，两汉时期一直为朝廷所重视，又是汉代重要封国楚国的都城，政治、经济地位十分重要。两汉四百年间，这一地区共传袭诸侯王十八代，至于其荫封的王子侯孙、豪族世家更是数不胜数。其管辖范围一直辐射至鲁西南的临沂、枣庄，豫东北的商丘、皖北的淮北等地。

另一个贵族聚集地是南阳。西汉时期南阳郡所辖的冠军县和博望县分别是冠军侯霍去病和博望侯张骞的分封地。东汉时期，南阳更是开国皇帝刘秀的故里。不但如此，东汉的多位开国元勋就来自南阳郡，被分封在南阳

第六章　汉画像艺术对《山海经》的接受：民间叙事的视域

的皇亲国戚更是比比皆是。"河南帝都多近臣，南阳帝乡多近亲。"南阳地区的皇亲国戚、贵族官僚拥有强大的政治、经济实力，这为修建奢侈华丽的画像石墓提供了必要的经济基础。

对于汉画像艺术的进一步传播，还需要搞清以下几个问题：

1. 西南、西北地区画像艺术的先后关系问题

应该说两者都与中原画像艺术有继承关系，但西南地区在前，西北地区的画像艺术发生在后。这是因为：(1) 中原的画像艺术的起源要早于西南和西北，而且在技艺上有继承关系："今天我们审视四川的汉代画像石，可以看出其雕刻技法和造型风格与南阳的颇为相似。在四川的汉代画像石制作方面，经常出现凿纹地浅浮雕、剔地浅浮雕等，这些其实是南阳汉代画像石经常使用的雕刻技法。"[1]西南地区的画像艺术不是在陕北晋西地区画像艺术的影响下发展起来的，在画像的风格方面两者也有较大的差异。(2) 西南地区最早出现有纪年的画像墓葬比西北地区的要早十多年。西南目前已知最早的汉画像墓是东汉建初元年(76 年)造的四川青神县蛮坟坝崖墓，而陕北晋西发现最早的纪年汉画像墓为东汉中期的永元年间(89—104 年)[2]。(3) 陕北离中原的核心地区较远，很大程度上是新兴的移民城市，政治、经济的不稳定性是这一带的社会生态的主要特征，因而西北地区画像艺术产生时间较为短暂和集中。这一带的汉画艺术因人口的聚集而兴，又因城市的废弛而败。至于其上限，前文说到是东汉永元年间，主要是因为两汉之际，大量的外来人口的聚集使这一带呈现出短暂的繁华，我们在下文有进一步的论述。其下限是顺帝永和五年(140 年)。因为羌人进攻西河、上郡等地，东汉政府被迫"徙西河郡居离石，上郡居夏阳"[3]，使陕北画像石墓赖以生存的和平安定的外部环境不复存在，因而导致陕北一带的画像石艺术只存

---

[1] 卜友常：《论南阳汉代画像石粉本流传的三个路线》，《艺术教育》2013 年第 3 期。
[2] 信立祥：《汉代画像石综合研究》，北京：文物出版社，2000 年，第 20 页。
[3] （南朝宋）范晔：《后汉书》，北京：中华书局，2005 年，第 180 页。

在于89—140年前后的短短八十余年。而西南地区的画像艺术一直要延绵至东汉末期。晋西北的画像艺术的发生恰好能够说明两汉政治对于画像艺术直接的影响,陕北地区的画像石最晚是汉顺帝永和四年(139年),而晋西北地区的画像石最早的纪年是汉桓帝和平元年(150年),由此推测,画像石艺术因为公元140年的两郡迁治移民而发生了区域性的位移。①

2. 西南、西北地区画像艺术的技术来源

因材料的缺失我们已经无法知道上述地区的画工的知识状况、师承沿袭。但我们通过对汉代历史事件的条分缕析,大致可以推断出汉代的画工有很强的流动性,这种流动一是利益的驱使,犹如今天的人才流动;二是被动的人口迁徙。对于路程较远的地区来说,后者应该更占据着上风。

西北地区汉画艺术重镇上郡、陇西等地在汉代有过多次大规模的人口迁徙。如"其明年(公元前119年),山东被水灾,民多饥乏,于是天子遣使虚郡国仓廪以振贫。犹不足,又募豪富人相假贷。尚不能相救,乃徙贫民于关以西,及充朔方以南新秦中,七十余万口,衣食皆仰给于县官"②。这次移民规模空前,据葛剑雄先生分析,这次移民迁入区的范围大致应包括今内蒙古南部、山西西北部、陕西西北部、宁夏南部和甘肃中西部,也即秦长城(故塞)内外以及河西走廊。③也就是西北汉画像艺术流行的地区:陇西、北地、西河、上郡等郡。除了大规模移民之外,汉武帝又有军队屯边,元鼎六年(公元前111年)"初置张掖、酒泉郡,而上郡、朔方、西河、河西开田官,斥塞卒六十万人戍田之"④。

根据上述材料,两汉时期上郡、西河郡的居民多是因灾荒、战争等原因从全国各地迁徙而来。汉代的迁徙是一项系统工程,从居民点的选择与建设到迁徙人员的奖励等已形成一套较为完整的移民政策。尤其值得注意的

---

① 信立祥:《汉代画像石综合研究》,北京:文物出版社,2000年,第20页。
② (汉)班固:《汉书》,北京:中华书局,2005年,第974页。
③ 葛剑雄:《中国移民史》,福州:福建人民出版社,1997年,第151页。
④ (汉)班固:《汉书》,北京:中华书局,2005年,第981页。

是,为了使移民们能够有更好的归属感,还规定"坟墓相从"①。就全国范围内来看,汉代的陕北、晋西北地区汉画艺术出现的时间最迟,画像艺术应该是伴随着大量徙边人员进入陕北、晋西北地区,从而带动从事墓葬技术的工匠流入该地区,并在随后的移民过程中在上述地区传播。例如绥德四十里铺的汉画像石墓刻有"大高平令郭夫人室宅",表明墓主人的丈夫曾任高平县的县令。高平在东汉属山阳郡,临近著名的武氏祠一带,是画像石的集中地带之一。所以"大高平令郭夫人室宅"墓刻极有可能是这样形成的:籍贯在今陕西绥德的西河郡人郭某在高平任县令,他的妻子去世后,郭县令按照当时高平的丧葬习俗为亡妻修建了画像石墓。这一点还可以在陕北汉画创作方法中得到证明:"晋西北地区画像石主要采用浅剔地平面刻技法……这种刻法只将图像外的石面剔去极薄的一层,和山东沂南北寨墓画像石的减地平面线刻的铲地之法极为相似。"②

　　西南地区汉墓艺术的发展同样有这方面的因素。稍不同的是西南一带原有较强的封闭型的巴、蜀文化圈,然而历史的进程必将打破这种区域性的封闭文化圈,先是秦帝国将巴、蜀纳入帝国的版图,再是楚人刘邦受封为汉王,"王巴、蜀、汉中四十一县"。到了汉武帝时代,则在经济利益的驱使下加大开发的力度。元狩元年(公元前122年):"博望侯张骞使大夏来,言居大夏时见蜀布、邛竹杖,使问所从来,曰'从东南身毒国,可数千里,得蜀贾人市'。或闻邛西可二千里有身毒国。骞因盛言大夏在汉西南,慕中国,患匈奴隔其道,诚通蜀,身毒国道便近,有利无害。"从此汉王朝以巴蜀地区为基地,开始了大规模经营西南夷,一条自四川盆地经云南到缅甸、印度的西南丝绸之路由此开辟。从新莽政权的后期至东汉初,黄河流域陷于大规模的战乱之中,北方又频受匈奴的骚扰,中原人纷纷南下避难。随着中原人的进入,中原地区的墓葬文化和这些文化的创造者一并进入西南地区。仝涛通过溯源四川一带的西王母画像的来源,指出:"在河

---

① (汉)班固:《汉书》,北京:中华书局,2005年,第981页。
② 蒋英炬、杨爱国:《汉代画像石与画像砖》,北京:文物出版社,2001年,第131—132页。

南密县的一块东汉初期的画像砖上,可见西王母龙虎座的雏形。……这种座本是中原地区流行的众多的西王母座之一种,被四川地区引进吸收,并充分发育成熟,形成固定的地区传统。"①杨爱国比较了四川和南阳画像艺术的具体刻法,得出了类似结论:"(四川)画面简洁明快,物象主体突出,显示了此区域的画像石有着河南南阳相近似的风格。"②

第三节 汉画像艺术对《山海经》接受的多元性

汉画像艺术分布地域辽阔,由于各个地区在自然环境、风俗、文化等方面的不同,造成了汉画像艺术具有鲜明的地域特色。从汉画像内容来说,各地的汉画像艺术的侧重点有所不同。以汉画像艺术中常见的西王母为例,在各地的西王母形象有着不同的表现手法:山东、苏北一带的西王母可分为嘉祥样式、滕县样式、沂河样式和徐州样式四种③;陕北画像石上的西王母多坐在悬圃之上,而四川的西王母多有龙虎座相伴。上述现象表明,在政治上趋向一统的汉代,由于地域文化的差异,文化的区域特征依然非常明显。

1. 西王母职能的地域性

河南地区——灵魂的引导者:该地区的西王母图像大多出现在墓室的顶部或墙体的上方,如洛阳卜千秋墓、偃师汉代壁画墓。按照巫鸿的说法,这一带多出现的是"情节式"构图,即"通常是对称的,主要的人物总是被描绘成全侧面或四分之三侧面"④。这种情节式构图中的西王母对灵魂起着引导和安抚作用,这与汉代对死亡的理解密切相关。秦汉时期的人们认为,人死亡以后有魂魄之分,分属于精神和肉体。余英时指出:"中国古人认为人

---

① 仝涛:《东汉"西王母+佛教图像"模式的初步考察》,《四川文物》2003年第6期。
② 蒋英炬、杨爱国:《汉代画像石与画像砖》,北京:文物出版社,2001年,第150页。
③ 李淞:《论汉代艺术中的西王母图像》,长沙:湖南教育出版社,2000年,第73页。
④ 李淞:《论汉代艺术中的西王母图像》,长沙:湖南教育出版社,2000年,第148页。

的灵魂具有魂、魄二元性,个体生命由精神部分和身体部分组成,精神依赖于被称作'气'的无形生命力,身体依赖于地上的食物和饮水而生存,而精神和身体又被称作'魂'和'魄'的灵魂所支配。人活着的时候,魂与魄和谐地统一在人体内,人死后,两者分离,并脱离人体。"[1]"魂"和"魄"到达的目的地是不一样的,《礼记·郊特牲》:"魂气归于天,形魄归于地。"也就是说生命中同时存在着的两种元素,魂上升至天,魄则入于地。因此,在尸体消失前留在泥土里的这段时间里,要尽可能让尸体处于不腐的状态,并且也要尽可能地帮助"魂"升到仙界。马王堆一号汉墓中所出土的 T 形帛画可以用来证明上述观点,画上所描绘的便是墓主人死后之魂被导引飞升上天的情景。这也可以从较早期的卜千秋墓中找到依据:"这组形象是西王母在等待接纳卜千秋的魂……除了她能使人长寿外,西王母的信徒们拜她并不仅仅因为她有奇异的药,而是关系到死后灵魂的命运。"[2]

山东、苏北地区——仙人世界的象征:这一带的西王母画像,大多以正面角度为主,少有四分之三的侧面角度,也就是巫鸿所言的"偶像式"。画像多为横向或纵向的组图,如徐州沛县栖山汉墓,西王母图像位于中棺右侧内壁的组画中,大致可以分为西王母世界和现实世界。相同的构图还出现在山东微山石椁画像、滕县马王村石椁画像中。到了之后的孝堂山、嘉祥祠堂画像中,西王母往往处于纵向画栏中的最高层,下方一般是现实世界的反映。信立祥据此进一步申发,指出汉代人的宇宙模型可分为四个部分,其中西王母处于第二层的仙人世界:"其次是西王母居住的昆仑山,所代表的仙人世界。"[3]这个世界的西王母多是体现了一个美好的目的地,而不再是一个灵魂的导引者,更多地体现了民众的终极的膜拜对象:得到西王母长生不死之药,永世生存。

陕北地区——威慑之神:陕北地区画像石诸神图像多集中地被雕绘

---

[1] 余英时:《东汉生死观》,上海:上海古籍出版社,2005 年,第 138 页。
[2] (美)简·詹姆斯:《汉代西王母的图像志研究》,贺西林译,《美术史研究》1997 年第 3 期。
[3] 信立祥:《汉代画像石综合研究》,北京:文物出版社,2000 年,第 116 页。

在画像石墓的墓门部位,这种表达方式是该地区画像石墓葬艺术的一个显著特征。多数研究者都注意到这一现象:"值得注意的是,西王母仙境图在陕北地区墓门汉画像石中得到大量且鲜明的表现;与其他地区相比较,西王母出现的比例甚高,绝大多数完整的画像石墓都有西王母的图像,且展现出不同于河南及四川地区的特色……它也标识了西王母的身份与其特有的居住环境,表明了该地区的画像石墓主阶层希望死后进入'天庭'世界的某种特殊的信仰情感。"①除了这种"特殊的信仰情感"外,还有对于亡灵世界的威慑,以保护汉代人所关心的"魄"的存在状态。尽管汉代人相信存在着一个死后世界可以延续生前的生活,但是这个世界对于他们而言是陌生的,陌生就容易产生恐惧,因此这个未知的世界不是一个理想的世界,有必要通过有效手段压制或是摆脱这种恐惧:"核心内容首先是避邪,想尽办法让死者不受地下妖魔鬼怪的伤害。"②在陕北地区墓门上显著位置安排西王母的图案,是表明了在墓门之处要将各种妖魔鬼怪挡在墓室的外面,不至于去侵扰墓室中的魂魄。

这一作用倒是回归了西王母本来的功能,《山海经》中西王母的首要身份便是掌握刑罚的神。《西山经》:"是司天之厉及五残。"所谓"厉"和"五残",郝懿行《山海经笺疏》曰:"按厉及五残,皆星名也",而"大陵主厉鬼,昴为西方宿,故西王母司之也"。③至于"五残",《史记·天官书》中说:"五残星,出正东东方之野。其星状类辰星,去地可六丈。"《正义》云:"五残……见则五方毁败之征,大臣诛亡之象。"故无论是"厉"还是"五残"都和刑杀有关,因此西王母最初是拥有让人心存畏惧刑杀的职权。西王母的刑杀职能对于汉代社会民众心理的威慑我们可以在史书中略见端倪,《汉书》记载:"(汉哀帝建平)四年春,大旱。关东民传行西王母筹。"(《哀帝纪》)"又传书曰:'(西王)母告百姓,佩此书者不死,不信我言,视于门枢下,当有白发。'"(《五行志下之

---

① 高莉芬:《墓门上的女神:陕北汉画像石西王母图像及其象征考察》,《思想战线》2013年第6期。
② 杨爱国:《幽明两界:纪年汉代画像石研究》,西安:陕西人民出版社,2006年,第219页。
③ (清)郝懿行:《山海经笺疏》,成都:巴蜀书社,1985年,第214页。

上》)于是"民相惊动,喧哗奔走"(《天文志》),有人"夜持火上屋,击鼓号呼相惊恐"(《哀帝纪》)。由此可见,在东汉末期,民众对于西王母的畏惧心理还是很普遍的,西王母作为刑杀之神的职能还依然存在。

西王母在其他地区的画像中也有零星体现,如邹城金斗山石祠堂画像石中,"在这里西王母和东王公并没有什么作为,既不见仙药仙方,也不见神仙世界有多么乐趣,见到的只是一些张牙舞爪的神异怪兽和荒芜的世界。……这含义就是画面中所显示的凶猛和力量,就是辟邪和震慑。在这里,西王母和东王公成了辟邪工具,担当起了驱恶祛邪的职责"[1]。

四川地区——生殖之神:在四川地区的汉画像艺术中,西王母又多了一个神格——生殖之神。四川乐山东汉石棺上有男女秘戏图(见图6-22),画面右侧为临几端坐的西王母,左侧男女相向而跪,男的右手抚着女的下颌正做亲密接吻状,状甚亲密。"西王母所具有的生育功能也是源自西王母最初所具有的月神神格中的女性特征。"[2]《焦氏易林》也曾记载汉代祭祀西王母求子的习俗:"西见王母,拜请百福,赐我嘉子。"在墓地中让西王母和亲密男女处于平等对称的地位,更是体现了祈求多子,望西王母保佑其家族旺盛的生殖力,祈祷子孙平安,享受富贵厚禄的人生。荷兰汉学家高罗佩更是将其行为上升到宗教信仰的位置:"原先,中国的性行为表现有一种宗教的涵义。因为这种行为是生命的生殖力和光明的显示,所以它被认为有辟除黑暗和腐败的邪恶力量的功能。这是表现性行为的汉墓砖刻的确实无疑的意义,且性的主题也存在于葬礼中。"[3]此外,亲热男女与西王母平等也同汉代的房中术有关,后人也称之为"秘戏",唐长寿指出,男女"秘戏"是寓意再生,是以生殖——性行为的图式再生、转生、更新生命,即道士的"房中"之术。[4] 道者言:"男女相成,犹天地相生也。"又曰:"天地得交接之道,故无终竟之限;人

---

[1] 张从军等编著:《汉画像石》,济南:山东友谊出版社,2002年,第322页。
[2] 张勤:《西王母神话传说研究》,苏州大学博士学位论文,2005年。
[3] (荷兰)高罗佩:《秘戏图考》,杨权译,广州:广东人民出版社,1992年,第161页。
[4] 唐长寿:《荥经画像石棺"秘戏图"及其它》,《四川文物》1991年第1期。

失交接之道,故有伤残之期,能避众伤之事,得阴阳之术,则不死之道也。"图版中将西王母和亲密男女放在一个平面的构图方式,充分表现了西王母的生殖神格,既可以通过她达到人丁兴旺的目的,又可以祈求今世的长生不老。

图 6-22　四川乐山大地湾崖墓秘戏图①

2. 西王母接受的宗教化

巫鸿对西王母画像的宗教化的研究具有开创性工作,他根据画面的构图,认为西王母形象从四分之三侧坐的"情节式"构图转变到正面端坐的"偶像式"构图,是因为佛像的影响:"在我看来,以武梁祠西王母图像为代表的偶像型构图方式来自印度佛教艺术。"②佛教约创立于公元前6世纪末的印度并开始传播,大概于公元前1世纪进入西域,两汉之际传入中国内地。佛像传入中原之后,我们大体可以看出有两种影响:一种是佛像的中国化,一种是中原艺术的佛像化,二者呈并行的双向运动。

中国早期佛教是与我国古代的传统信仰混合在一起的,或者说最初的佛教信仰者将佛教看作神仙方术的一种。一般认为,中国传统的信仰多是由原始多神崇拜与阴阳五行学说造成,形成古代宇宙、神仙体系中的图解式表达。因此早期佛教画像呈现本土化的倾向,渗透进传统的图像表达诸如

---

① 中国画像石全集编辑委员会编:《中国画像石全集.四川汉画像石》,河南、山东美术出版社,2000年,图21。

② (美)巫鸿:《武梁祠——中国古代画像艺术的思想性》,北京:生活·读书·新知三联书店,2006年,第151页。

神仙珍禽瑞兽等。例如,沂南画像石墓分前室、中室、后室和许多侧室,中室中央有八角柱,西侧有西王母,东有东王父,南北面雕有带头光的佛立像。这个佛仙混合图表明了"把东王公、西王母及两个立佛像都放在石柱顶端,无疑也是为了表现它们是在天上世界"①。而在内蒙古和林格尔壁画墓中根据佛经故事画的"这幅'仙人骑白象'图为我们研究佛教史以及早期佛教艺术提供了实物资料"。

中原艺术的佛像化主要体现在西南地区的画像艺术中。据学者研究,四川盆地的汉代佛教造像在风格上明显受到中印度秣菟罗造像的影响,两者间的联系暗示着在我国西南存在着一条早期佛教传播之路。②主要表现有:西王母画像头部有头光、发髻呈佛像的肉髻(见图 6-23)。头光是佛像背光的一部分,佛经有云:"如来颈相,瓷骨满相,万字印相,是众生间,出生圆光。"③头光和身光也被认为是佛与菩萨的光明相。因此,头光,是早期佛像中的一个显著特征。而西王母像中的头光不能不说是外来佛像构图的影响。

图 6-23　泸州一号石棺西王母像④　　图 6-24　四川新都西王母画像⑤

---

①　俞伟超:《东汉佛教图像考》,《文物》1980 年第 5 期。
②　阮荣春:《"早期佛教造像南传系统"研究概论》,《东南文化》1991 年 3、4 月合刊。
③　《佛说观佛三昧海经·观相品》,见《大藏经》第 15 册。
④　中国画像石全集编辑委员会编:《中国画像石全集·四川汉画像石》,河南、山东美术出版社,2000 年,图 186。
⑤　龚廷万、龚玉编著:《巴蜀汉代画像集》,北京:文物出版社,1998 年,第 162 页。

佛像中另一个标志性装饰是肉髻,所谓肉髻,是指头部骨肉隆起,其形如髻,故称肉髻。肉髻是尊贵之相,是佛三十二相之一,因此也是佛像中必有的要素。但在新都永元元年的画像砖上(见图6-24)也可以看出,西王母除了正面端坐、戴胜外,顶部有似于佛像的肉髻。[①]

除了西王母画像的佛教化,还有一些汉代的绘画和雕刻品中出现神树的表现技法与早期佛教画像有趋同的倾向。如山东嘉祥武氏祠画像石、嘉祥宋山出土小祠堂画像石、山东微山两城山出土祠堂画像石等的各种神树,与当时桑奇大塔围栏浮雕上的圣树有相似之处。作为一种世界观理论,作为一种形而上学和人类学,宗教总是企求在一种更高的层面——一种超越常识与经验、超越现实生活的层面了解和把握人、世界及人与世界的关系。[②]

西南地区是富庶之地,文化、经济发达,同时又是南方丝绸之路的重要口岸,对外来的宗教表现出很强的包容性。对于四川地区分布的这些汉画像艺术受佛教画像影响的问题,和这一带是早期佛教传播的重要地区关系密切,其传播的来源可能是经由滇缅通道而来。任继愈认为这些造型既不是直接从西域传入,也不是间接从长安、洛阳传入,最大的可能是"通过云南输入的"。[③]季羡林先生也持相同观点:"除了中亚的丝绸之路外,西南地区具有历史久远的滇缅道,正是通过陆路传播早期佛教的重要通道。"[④]

纵观汉画像西王母形象对《山海经》接受,随着人们的信仰内涵的变化,西王母的形象经历了多次转变,尽管每次转变都受到"读者"的期待视野影响,新的元素不断掺入西王母形象中,但《山海经》中记载的西王母要素内核并未发生改变,新旧形象往往是以共存的方式传播,这种内涵丰富的形象具有较大的普适性,适合不同阶层的信仰群体的需要,从而使西王母在两汉信仰体系中能经久不衰,具有强大的生命力。

[①] 张德全:《新都县发现汉代纪年砖画像砖墓》,《四川文物》1988年第4期。
[②] 李申:《论宗教的本质》,《哲学研究》1997年第3期。
[③] 任继愈:《中国佛教史》,北京:中国社会科学出版社,1985年,第187页。
[④] 季羡林:《季羡林文集·中印文化关系》,南昌:江西教育出版社,1996年,第338—339页。

3. 接受视野下的奇禽异兽的创造

汉画像艺术中奇禽异兽出现的频率很高,在这当中尤以复合体的异兽更加突出。这种复合异兽在《山海经》中最为常见,有人首鸟、人虎兽、人马兽等等。因此我们有理由认为汉画像艺术中的复合异兽的创作思维就是来自《山海经》。所不同的是,《山海经》中复合体异兽更多地体现了原始社会原始思维中的"互渗律",列维·布留尔在其《原始思维》一书中有过详尽的阐述。他认为,原始人的思维是具体的思维,亦即不知道因而也不应用抽象概念的思维。这种思维只拥有许许多多世代相传的神秘性质的"集体表象","集体表象"之间的关联不受逻辑思维的任何规律支配,它们是靠"存在物与客体之间的神秘的互渗"来彼此关联的。[1]这是因为"《山海经》不仅是流传久远的非常普及的典籍,更是中国古代神话思维的体现,它包含了民间文化对各种神灵形象的想象和认识"[2]。

汉画像中的复合异兽具体可分为两种:第一种类型是异质的自然形体的复合,如龙头彩虹、人首鸟、人头兽、氐人国等。第二种类型是同质的自然形体取其局部加以派生或复制,复合成怪异的神灵,如三头人、开明兽等。

从创作手法上看,汉画像艺术中的复合型异兽更多地体现了一种巫鬼思想下的创造。汉画密集地南阳、鄂北在秦汉时期是楚人统治生活的地区,该地区巫鬼文化尤为发达。"巫鬼文化最大的特点就是以无拘无束的感性思维去把握世界,对客体不是进行理性的逻辑思考,而是显示出原始、自发的精神自由,具体表现为主体突破语言、物象、概念、判断、推理的束缚,而将自己的情感、意志投射到客观世界中去,在心中构造出一个个神祇鬼怪,并赋予它们神奇的超现实力量加以崇奉。"[3]历史上的楚国是一个留存浓厚原始思维遗痕的国度,原始社会的风俗文化始终顽固地停留在楚人的内心深

---

[1] (法)列维·布留尔:《原始思维》,丁由译,北京:商务印书馆,1981年,第596页。
[2] 李淞:《论汉代艺术中的西王母图像》,长沙:湖南教育出版社,2000年,第109—110页。
[3] (德)W.沃林格:《抽象与移情》,王才勇译,沈阳:辽宁人民出版社,1987年,第39页。

处。楚地的原始宗教、盛行的巫风更是激发了楚人的情感,同时也激活了楚人的想象力。例如上述同质的自然形体取其局部加以派生或复制的异兽,更多的是反映弗雷泽"同类相生"的原则,即认为神性可以根据数量的派升而递增。①

从奇禽异兽产生的心理因素来看,《山海经》中的奇禽异兽更多是表明先民对自然界猛禽由畏惧到崇拜的心理过程:"原来,在上古时代艰苦的自然环境面前,人类征服自然的力量十分低下,先民从事的赖以生存的狩猎生产活动有时成功,有时失败,他们对有些动物会产生畏惧,尤其对它们的特殊部分更有惨痛的记忆,如猛兽虎、豹锐利的牙齿和强壮的四肢,猛禽雕、鹰巨大的两翼和有力的喙、爪,大蛇的身躯,巨鳄的尾部。先民在与这些动物斗争时,一方面感到自身无能为力从惧怕产生崇畏,进而发展成原始的崇拜;另一方面,也幻想出现一些特殊动物,它们具备许多凶猛动物的突出部分,这就是《山海经》为什么有那么多奇禽怪兽的缘故。"②

汉画像艺术中出现的奇禽异兽的形象自然是源于《山海经》中的神怪在汉代人心中所留下的造型,经过汉人的艺术加工,将其进一步神格化,达成汉代人审美精神的实现。人们借助夸张、怪诞的奇禽异兽,达到与神界、鬼界的相互交通。因此,在汉画像艺术中奇禽异兽更多是实用的价值,要么是祥瑞,比如人头鸟、人头兽等;要么是威慑作用,比如开明兽、三头人等。但不管是哪种都和汉代人对待死亡有关。根据汉代人对魂魄的二元理论,汉代人在埋葬故去的人时,需要做好三个工作:引导魂的上天、保护魄的扩散、争取尸体的不腐。因此,从功能上来讲,汉画像艺术中的西王母系列用来表达神仙的世界——这是魂的目的地;汉画中现实的世界大都是留给尸体的,表达视死如生的观念;而奇禽异兽的世界多是能够对可能形成破坏作用的神秘力量起到威慑作用,从而有效地保护"魄"。这一点和前文提到的墓门

---

① (英)詹姆斯·乔治·弗雷泽:《金枝》,赵昍译,西安:陕西师范大学出版社,2010年,第19—20页。

② 张步天:《〈山海经〉远古时代史内涵》,《益阳师专学报》1999年第3期。

上的西王母功能有一致性。至于奇禽异兽用来表达祥瑞思想,是用这些神态生动的奇禽异兽使整个墓室充满神秘的气氛。战国之后,在观念中"人神"分离,即《国语·楚语》所说的"绝天地通",神的形状大都是超自然的,用此来区别和人的不一样,汉代人大抵也是持这种观点。例如,汉武帝时期装神弄鬼的方士公孙卿看到的蓬莱仙人就是这样的,《史记·封禅书》:"公孙卿持节常先行候名山,至东莱,言夜见大人,长数丈,就之则不见,见其迹甚大,类禽兽云。""类禽兽云"也就是在暗示仙人的人兽合体状。这种带有吉祥内涵的半人半兽的异兽一直在民间有较高的影响力,流传至今的陕西刺绣和剪纸中还有人面狮、人面鹰、人头鱼。

毋庸置疑,《山海经》在汉画像艺术的创作过程中是重要的素材和灵感来源,同时随着画像艺术的进一步发展,《山海经》也得到更广泛的传播。当然我们也看到,在接受和传播过程中,因接受地域、接受主体、接受时间的差异,《山海经》的传播接受也产生了种种变异,尤其是随着佛教的传入,对于传统的中国思想文化产生了深刻影响,西王母画像逐步化为佛像便是一例。随着东汉末期社会政治的混乱,薄葬制度又重新抬头,画像艺术也逐步走向末路,曾经的创作蓝本《山海经》也似乎丧失了传播的动力,魏晋之后很长的一段时间鲜有提及,落得一个"暂显于汉"的尴尬评价。

第七章 余 论

从本书三个层面、五个方面的探讨与分析，可以看出，两汉《山海经》的传播与接受过程是《山海经》经典化的形成期。由于读者期待视野的变化和审美主体审美趣味的不同，《山海经》的接受呈现出多样化、复杂化的特点。

西汉前期，强盛的汉王朝通西域、击南越、东越、北征朝鲜，都大获成功。极大地拓宽了汉人的空间视野，急迫需要对域外世界作进一步的了解。于是《山海经》首先在王公贵族和文人、方士、学者的引领下得以快速传播。同时汉代主流文化的儒家思想也是以天人感应学说为核心的，灾异谴告是其主要表现形式——这一形式在《山海经》中较为常见，无形中也为《山海经》的流行提供了更好的理由。

民间信仰活动自古有之，到西汉末，混乱的政治、动荡的社会使民间信仰更加盛行。民间信仰者要么传播灾难降临的预言，要么运用民间信仰进行祭祀避祸。在《山海经》中西王母原本只是半人半兽的神话人物，但到东汉末年已经成为全民膜拜的偶像人物。《汉书·哀帝纪》《汉书·天文志》和《汉书·五行志》都有记载，哀帝时曾久旱无雨，众多信徒聚集起来祈求西王母能够降雨消灾，他们痴狂地载歌载舞，企图通过这种虔诚的祭祀方式来告知西王母。通过西王母神话的流变我们既可以看出《山海经》在传播过程中产生的文化增殖，也可以窥见《山海经》在世俗信仰中巨大的作用。

公元前25年，刘秀建立东汉政权。东汉统治者依靠豪强地主强占豪夺，百姓纷纷破产，流离失所，生存艰难。同时统治层却日益腐败，社会思潮中占主流的是谶纬之风,宗教迷信思想盛行一时。这就给本就带有神秘色彩的《山海经》的传播带来新的契机。在这个时期班固、赵晔、王充等人对于《山海经》多有论述,尤其是民间流俗往往着眼于《山海经》中的不死之神西王母、法力无边的怪兽,并且逐渐将其运用至墓葬石刻中,在繁复的汉画像世界中构建起汉人独特的宇宙观念。

纵观两汉《山海经》的历时性与共时性的接受过程,可以看出,《山海经》因不同的接受者显现出不同的接受特质。同时由于《山海经》文本的特殊性,形成两条平行的审美主体,一个是居于上层的政治家、文人群体,一个是居于下层的民间接受群体,两条接受主线互相作用,共同引导着社会的接受动向,同时也折射出汉代的风尚习俗和审美情趣。在谶纬学与民间信仰的共同作用下,《山海经》所具有的文化内涵虽然没有被完全认识和挖掘,但《山海经》古朴而神秘的色彩迎合了汉代社会氛围的需要,因而迎来两汉《山海经》接受的高潮。

但《山海经》的传播与接受并非一帆风顺,到了东晋初年便日益萧条,传播的热度相对两汉有大幅度的下降。这种落寞的状况一直持续到明清时期,明代传教士使西学东渐,《山海经》中神话地理描述无形中再次引起人们想要了解外部世界的强烈欲望,于是《山海经》重新进入文人的视野,随之而来的是《山海经》的第二次接受高潮。

下面我们简要梳理《山海经》在两汉之后的传播历程、传播者的构成特点、传播的目的与方式,梳理《山海经》在汉代以后大体的传播形态。

魏晋时期,由于社会局势动荡不安,《山海经》的接受研究确实是大不如前,但其流布并未停歇,南方的郭璞是继刘歆之后研究《山海经》的第一人。两晋时期,玄学发达,郭璞在其影响下,精通"五行、天文、卜筮之术"等方术,故所注《山海经》多用神仙鬼怪之事。在《山海经·序言》开篇即云:"世之览《山海经》者,皆以其闳诞迂夸,多奇怪俶傥之言,莫不疑焉。"在这里郭璞以玄学的观念阐释《山海经》神怪的蕴义内涵和形象化表现特征,批驳和否定了儒家对《山海经》的否定和怀疑态度。

梁代的张僧繇作有《山海经图》,清代注家毕沅在《〈山海经〉篇目考》中说:"《山海经》有古图,有汉所传图,有梁张僧繇等图。"[1]张僧繇的《山海经图》对后世影响很大,马昌仪先生认为:"明清时期的若干《山海经》古本,却保留了根据张、舒绘本加以增删的《山海经图》,仍然可以看出亦图亦文的中国古老传统。"[2]由此可见此图流行之广,为《山海经》一书的传播起了很大作用。

北魏地理学家郦道元虽认为"《穆天子》《竹书》及《山海经》,皆埋缊岁久,编韦稀绝,书策落次,难以缉缀。后人假合,多差远意"[3],但他坚持从地理学的角度对其进行分析认识,并用《山海经》经文注释《水经注》。

田园诗人陶渊明以文学的方式,无意中极大地推动了《山海经》传播。其《读〈山海经〉》是一组《山海经》读后心得体会诗,共13首,作品中既有以浪漫的眼光将《山海经》的阅读接受看作一种舒适闲逸的生活状态,也在诗中运用《山海经》中贰负、猰貐、祖江等这些神怪互相残杀而一个个都没好下场,比喻现实中那些各怀异心的各路豪强。陶渊明以诗人的视角对《山海经》作出的独特接受,影响甚大,直至宋代苏轼还有《和读山海经十三首》。

魏晋时期玄学、道教、佛教思想流播甚广,对于怪诞虚妄的《山海经》内容并不是十分认同,但是时文人多采取"阙疑"的态度,如郭璞认为:"世之览《山海经》者,皆以其闳诞迂夸,多奇怪俶傥之言,莫不疑焉。尝试论之曰,庄生有云:'人之所知,莫若其所不知。'吾于《山海经》见之矣。"[4]因而,在此影响下,在这一时期还产生了大量模仿《山海经》的志怪小说,如《十洲记》《列异传》《博物志》《玄中记》等。这些小说大量地参照了《山海经》的内容及叙述模式。如今本《博物志》十卷,卷一内容包括地、山、水、山水总论、五方人民、物产;卷二内容包括外国、异人、异俗、异产;卷三内容包括异兽、异鸟、异虫、异鱼、异草木等。仅从这些名目就可以推断出内容上和《山海经》的相似性。亦如张华阐述的《博物志》创作目的:"余视《山海经》及《禹贡》《尔雅》

---

[1] (清)毕沅:《〈山海经〉新校正(二十二子本)》,上海:上海古籍出版社,1986年,第1337页。
[2] 马昌仪:《古本〈山海经〉图说》,济南:山东画报出版社,2001年,第10页。
[3] (北魏)郦道元:《水经注全译》,陈桥驿译,贵阳:贵州人民出版社,1990年,第28页。
[4] 袁珂:《山海经校注》,上海:上海古籍出版社,1980年,第479页。

《说文》《地志》，虽曰悉备，各有所不载者，作略说。"①也就是说在张华看来，《山海经》《禹贡》《尔雅》《说文》等书，在地理方面的记载虽颇为详备，但是还有遗漏、疏忽，有必要在此基础上对《山海经》等书作进一步的修补工作。如同有研究者指出的："以晋张华的《博物志》为代表，乃《山海经》系统的延续。"②

唐宋时，《山海经》被看作地理性质著作。魏徵领撰的《隋书·经籍志》不同于班固的《汉书》将《山海经》划归在数术略形法家，而是将《山海经》列为地理类首篇，这在正史中当属第一次。并指出："汉初，萧何得秦图书，故知天下之要害，后又得《山海经》，相传以为夏禹所记。"魏徵以《山海经》与"知天下要害"的秦图书作类比，无疑是肯定《山海经》作为地理书籍而存在的。魏徵的改动表明《山海经》一书的性质发生质的变化。自此以后，北宋初年编撰的新旧唐书均继承了这一观点。颇具权威性的北宋崇文院官藏书目《崇文总目》也将《山海经》列入史部地理类。但到南宋时，人们对《山海经》地理书性质产生怀疑。南宋《中兴书目》虽仍将《山海经》列入地理类，但也注明不同的看法："亦非尽善，当以入小说家为是。"之后正史再未将《山海经》列入地理类。

因隋唐北宋时期人们将《山海经》视为具有实用价值的地理类书籍，故《北堂书钞》《初学记》《太平御览》《艺文类聚》等大型类书中都征引辑录了《山海经》有关内容，无形中保存了《山海经》的内容，促进了《山海经》的传播与影响。

与上述典籍所反映出来的观点略有不同的是唐人杜佑，他在《通典》中认为："《禹本纪》《山海经》，不知何代之书，详其恢怪不经，宜夫子删诗书以后尚奇者所作，或先有其书，如诡诞之言，必后人所加也。"可见，杜佑认为《山海经》一书成书年代不甚明了，记载的内容也神神道道，全是"诡诞之言"，不足为信。耐人寻味的是，杜佑虽然视《山海经》荒诞不经，但又把此书

---

① （晋）张华：《博物志》，北京：中华书局，1985年，第1页。
② 刘叶秋：《古典小说笔记论丛》，天津：南开大学出版社，1985年，第6页。

与"《吴越春秋》《越绝书》诸纬书之流"并论,可见杜氏也还是将信将疑地看到这些典籍中隐含史料与地理价值。唐人也并非都是持这种怀疑《山海经》的态度,文学家柳宗元就曾在他的游记作品中引用《山海经》,认可它的地理价值:"柳(指柳宗元)文一部分游山水小记,则出于《山海经》及《水经注》。"① 从这则材料也可以看出,《山海经》在唐代应是文人案头必备之书。

从传播形式来看,隋唐时随着制造纸张技术的成熟,《山海经》应该是以写本的形式流布。唐末陆龟蒙有诗云"水经山疏不离身",陆氏将《山海经》列为常读之书并且"不离身"。但考虑到印刷的高昂成本,刊本在唐代是不常见的,陆氏所携《山海经》多半为手抄本。我国雕版印刷术出现于唐末五代,我们以《水经注》为参照系,目前所知《水经注》最早的刊本是在元祐二年(1087年),郭注《山海经》的字数远比郦注《水经》少,印刷成本要低廉很多,《山海经》与《水经注》又长期被古人并举,可以认为北宋时期《山海经》应当和《水经注》一样,都有刻本。但目前所知最早的《山海经》刻本要晚至南宋淳熙七年(1180年),是由尤袤主持刊刻的郭注《山海经》。《山海经》刻本的出现对于《山海经》传播的作用自然是不言而喻的,但刻本行世后,抄本并未消失,而是仍在继续流传,元代曹善抄本是现今已知的最早抄本。

两宋时,《山海经》研究出现了新格局。有学者开始认识到它有可能是"依本而画"。如理学名家朱熹认为:"予尝读《山海》诸篇,记诸异物飞走之类,多云'东向',或云'东首',皆为一定而不易之形,疑本依图画而为之,非实记载此处有此物也,古人有图画之学,如《九歌》《天问》皆其类。"由此可以看出宋代学者并不认可《山海经》中的神怪异兽是真实的,而是依图画而来的。因此,《山海图》的绘制在宋代颇为热衷。目前所知的有舒雅作《山海经》图10卷,舒氏图247种,今尚存151幅。此外,欧阳修《读山海经图》也是明确描绘《山海经图》的诗:"夏鼎象九州,《山经》有遗载。"②除此之外,还

---

① 胡怀琛:《韩柳欧苏文之渊源.二十世纪中国文学史论文精粹》,石家庄:河北教育出版社,2000年,第181页。

② (宋)欧阳修:《欧阳修全集》(居士外集·卷三),北京:中国书店出版社,1986年,第363页。

有《道藏》中所藏的《山海经图》。宋代的薛季宣曾谈到他所见到的《山海经图》："《道藏》所画不出十三篇中,模本画图有《经》未尝见者。"①

南北朝至宋元,《山海经》研究虽以征辑为主流,但在《山海经》的考证、《山海图》的绘制等方面均有不小的进展,为明清期《山海经》研究的繁荣奠定了基础。同时在接受过程中逐渐舍弃《山海经》是地理图书的认同,不再探讨山川道里的分布,而热衷于追奇觅怪的审美形态。

进入明清时期,《山海经》的传播与接受迎来第二个高峰。其主要表现在接受者以多维视角,对《山海经》进行多方面的接受。明代研究《山海经》最有成就者当属大学者杨慎,他在《山海经》研究方面的成绩和他的经历有很大关系。杨慎曾经谪戍云南永昌卫,居三十六年而卒。著有《山海经补注》一卷,和其他《山海经》接受者不同的是,云南少数民族的原始宗教信仰、风土人情大大拓展了杨慎研究《山海经》的视野。他从少数民族的巫术入手,寻找《山海经》及其图谱的原始文化信息。杨慎独树一帜,取得了《山海经》研究上的重要突破。以《大荒东经》为例,"犁𩲃之尸"并未引起郭璞等注家的注意。而杨慎从巫术的角度出发,并结合文字的考证,认为"古靈字,或从巫,或从玉,或从鬼,或从𩥑"②,指出《山海经》中大量类似的"咒尸"驱鬼、祈灵敌食的叙述,是原始人类通过巫术寻找防范和攻击方法的怪兽神话。这一说法很有见地。

清代《山海经》的接受空前繁富,这是因为清政府实行文化专制,致使汉学复兴,乾嘉学派在《山海经》考证学方面作出卓越贡献。如吴任臣《山海经广注》、汪绂《山海经存》、毕沅《山海经新校正》、郝懿行《山海经笺疏》、吴承志《山海经地理今释》、陈逢衡《山海经汇说》、吕调阳《五藏山经传》、俞樾《读山海经》等等。

吴任臣是清初注《山海经》大家,有《山海经广注》十八卷。他对《山海经》的接受研究基本遵循郭璞的模式,注重对古动植物名的考释以及地理沿

---

① （南宋）薛季宣：《浪语集》,文渊阁本《四库全书》1159册,第475页。
② 无名氏：《神异经》（扫叶山房百子全书本）,杭州：浙江人民出版社,2013年,第368页。

革的厘清。吴氏对《山海经》非常推崇,在《山海经广注·序》中说:"《山海经》实《博物》之权舆,《异苑》之嚆矢也。"又说:"古人云:'少所见,多所怪。'世之不异,未始非异;世之所异,亦未必尽异也。"他认为《山海经》中的神话是真实可信的,而且是有线索可循的。在吴任臣之后的一百多年时间里,从事《山海经》研究的学者寥寥无几,而《山海经广注》则是一枝独秀,对于《山海经》传播以及后来学者校正、笺疏《山海经》产生重要影响。

清初学者汪绂也是治《山海经》名家,有《山海经存》九卷。与前人不一样的是,汪氏对于《山海经》的接受除了传统的文字校释之外,还吸纳了明清利玛窦、南怀仁等西方传教士带来的西方世界地理知识,在其著作中就引用过这方面的资料。例如《山经》末尾:"禹曰:天下名山,经五千三百七十山,六万四千五十六里,居地也。言其五藏,盖其余小山甚众,不足记云。天下之东西二万八千里,南北二万六千里……"汪绂注曰:"据西学推之,地毯九万里,则其径五万里。自南极至北极,地面上相去四万五千里。"[1]此外,汪氏擅长绘画,作有《山海经图》,汪绂学识宏富,画作颇有见地,"比较精细、生动传神、线条流畅、有创意,显然出自有经验的画家的手笔"[2]。

乾嘉时期研究《山海经》的成就最高者当属毕沅和郝懿行。毕沅著有《山海经新校正》,凡十八卷。毕氏的接受也是地理学角度的,"于山川考校甚精"。毕氏具有强烈的实证精神,加之曾任陕西巡抚,对于《山海经》中所涉地理往往实地考察。孙星衍云:"其考证地理,则本《水经注》,而自九经笺注,史家地志,《元和郡县志》《太平寰宇记》《通典》《通考》《通志》及近世方志,无不征也。"[3]此外,毕沅还从文字学、音韵学、训诂学等方面考订经文。凭借扎实的考证、广博的征引,后世评家对毕氏的《山海经》研究给予很高的评价,被称为:"此书之出,诚考究《山海经》之津梁也。"[4]

比毕沅稍晚的郝懿行也是清代研究《山海经》的名家,郝氏著有《山海经

---

[1] (清)汪绂:《山海经存》,光绪二十一年立雪斋印本影印,第516页。
[2] 马昌仪:《古本山海经图说》,桂林:广西师范大学出版社,2007年,第20页。
[3] (清)毕沅:《〈山海经〉新校正(二十二子本)》,上海:上海古籍出版社,1986年,第1387页。
[4] (日)小川琢治:《山海经篇目考》,"中央研究院"语言历史研究所周刊,1929年第9期。

笺疏》十八卷，图赞一卷。郝懿行对于《山海经》的接受是延续乾嘉学风，只是郝氏对于《山海经》更擅长精密的校勘。对《山海经》中古地理、名物典制等进行考证，观点论证精密而又见地，其考据成果深得学界认可。袁珂先生《山海经校注》序中对郝氏也有中肯的评价："通才博识，多所发明，后来居上，冠于诸家。"

纪昀领衔编制的《四库全书》是继《永乐大典》后又一部权威性丛书，《四库》将《山海经》收入子部小说家类，云："书中序述山水，多参以神怪，故《道藏》收入太元部兢字号中。究其本旨，实非黄老之言。然道里山川，率难考据，案以耳目所及，百不一真。诸家并以为地理书之冠，亦为未允。核实定名，实则小说之最古者尔。"并且将它从史部地理类转到子部小说类"异闻之属"，与《搜神记》《稽神录》为伍。联系传统观念视小说为末流，这无疑大大降低了《山海经》在文人心目中的地位，对其传播定会产生消极作用。然其古小说之认定，多为后世治《山海经》者所非议。

《山海经》的接受由西汉的"方技"类，到东汉被看作地理书籍，再到明清时期的小说类，这一传播与接受的历程表明《山海经》本身就具有丰富的内涵等待我们去进一步的发掘。在大力弘扬传统文化的背景下，运用新的方法、新的手段去理解、去研究《山海经》，与时俱进地探索《山海经》的无穷魅力和永恒生命力，这就是经典文本意义与价值。

参考文献

[1] [英]爱德华·泰勒:《原始文化》,连树声译,上海:上海文艺出版社,1992年。

[2] (美)保罗·F.拉扎斯菲尔德、伯纳德·贝雷尔森、黑兹尔·高德特:《人民的选择:选民如何在总统选战中做决定》,唐茜译,北京:中国人民大学出版社,2012年。

[3] (汉)班固:《汉书》,北京:中华书局,2005年。

[4] (清)毕沅:《〈山海经〉新校正(二十二子本)》,上海:上海古籍出版社,1986年。

[5] (清)毕沅:《释名疏证》,北京:商务印书馆,1936年。

[6] 曹明纲:《赋学概论》,上海:上海古籍出版社,1998年。

[7] 陈成:《山海经译注》,上海:上海古籍出版社,2008年。

[8] 陈鼓应:《黄帝四经今注今译》,北京:商务印书馆,2007年。

[9] 陈水云:《唐宋词在明末清初的传播与接受》,北京:中国社会科学出版社,2010年。

[10] 陈卫星:《传播的观念》,北京:人民出版社,2004年。

[11] 陈文忠:《中国古典诗歌接受史研究》,合肥:安徽大学出版社,1998年。

[12] (宋)陈振孙:《直斋书录解题》(丛书集成本),北京:商务印书馆,1937年。

[13] 崔富章、李大明:《楚辞集校集释》,武汉:湖北教育出版社,

2003年。

[14] (日)大庭脩:《秦汉法制史研究》,徐世虹等译,上海:上海人民出版社,1991年。

[15] (美)戴维·利明、埃德温·贝尔德:《神话学》,李培茱、何其敏、金泽译,上海:上海人民出版社,1990年。

[16] 丁福保辑:《历代诗话续编》,北京:中华书局,1983年。

[17] 丁绍仪撰:《全汉诗》,北京:中华书局,2001年。

[18] (唐)杜佑:《通典》,北京:中华书局,1988年。

[19] (清)段玉裁:《说文解字注》,郑州:中州古籍出版社,2006年。

[20] 范三畏《旷古逸史——陇右神话与古史传说》,兰州:甘肃教育出版社,1997年。

[21] (南朝宋)范晔:《后汉书》,北京:中华书局,2005年。

[22] (唐)房玄龄:《晋书》,北京:中华书局,1974年。

[23] 费振刚、仇仲谦、刘南平:《全汉赋校注》,广州:广东教育出版社,2005年。

[24] (荷兰)高罗佩:《秘戏图考》,杨权译,广州:广东人民出版社,1992年。

[25] (清)高似孙:《子略》(四库备要本),北京:中华书局,1959年。

[26] (晋)葛洪:《抱朴子》,上海:上海书店出版社,1986年。

[27] (晋)葛洪著,程章灿译:《西京杂记全译》,贵阳:贵州人民出版社,1993年。

[28] 葛剑雄:《中国移民史》,福州:福建人民出版社,1997年。

[29] 葛兆光:《中国思想史》,上海:复旦大学出版社,2001年。

[30] 龚克昌等:《全汉赋评注》,石家庄:花山文艺出版社,2003年。

[31] 龚廷万、龚玉编著:《巴蜀汉代画像集》,北京:文物出版社,1998年。

[32] 宫玉海:《山海经与世界文化之谜》,长春:吉林大学出版社,1995年。

[33] 顾颉刚:《古史辨自序》,石家庄:河北教育出版社,2001年。

[34] 顾颉刚：《秦汉的方士与儒生》，上海：上海古籍出版社，2005年。

[35] 顾森：《中国汉画图典》，杭州：浙江摄影出版社，1997年。

[36] 郭广银：《伦理学原理》，南京：南京大学出版社，1995年。

[37] （宋）郭茂倩：《乐府诗集》，北京：中华书局，1979年。

[38] （英）G.—H.吕凯、J.维奥、F.吉朗等：《世界神话百科全书》，徐汝舟、史昆、李扬等译，上海：上海文艺出版社，1992年。

[39] （清）郝懿行：《山海经笺疏》，成都：巴蜀书社，1985年。

[40] 何宁：《淮南子集释》。北京：中华书局，1998年。

[41] 何新：《诸神的起源》。北京：生活·读书·新知三联书店，1986年。

[42] （宋）洪兴祖：《楚辞补注》，北京：中华书局，1983年。

[43] 胡怀琛：《韩柳欧苏文之渊源.二十世纪中国文学史论文精粹》，石家庄：河北教育出版社，2000年。

[44] （明）胡应麟：《少室山房笔丛》，北京：中华书局，1959年。

[45] （汉）桓宽撰，王利器校注：《盐铁论校注》，北京：中华书局，1992年。

[46] 黄霖：《古代小说鉴赏辞典》，上海：上海辞书出版社，2004年。

[47] 黄震云、孙娟：《汉代神话史》，长春：长春出版社，2010年。

[48] （清）纪昀、陆锡熊：《钦定四库全书总目》，北京：中华书局，1997年。

[49] 季羡林：《季羡林文集》，南昌：江西教育出版社，1996年。

[50] 翦伯赞：《秦汉史》，北京：北京大学出版社，1983年。

[51] 蒋英炬、杨爱国：《汉代画像石与画像砖》，北京：文物出版社，2001年。

[52] 李剑锋：《元前陶渊明接受史》，济南：齐鲁书社，2002年。

[53] 李剑国：《唐前志怪小说史》，天津：南开大学出版社，1984年。

[54] 李剑国、陈洪：《中国小说通史》，北京：高等教育出版社，2007年。

[55] 李锦山：《鲁南汉画像石研究》，北京：知识产权出版社，2008年。

[56] 李零:《中国方术续考》,北京:东方出版社,2000年。

[57] 李淞:《论汉代艺术中的西王母图像》,长沙:湖南教育出版社,2000年。

[58] 李学勤主编:《十三经注疏》,北京:北京大学出版社,1999年。

[59] 李玉莲:《中国古代白话小说戏曲传播论》,太原:山西教育出版社,2005年。

[60] 李泽厚:《美学三书》,天津:天津社会科学院出版社,2003年。

[61] (北魏)郦道元著,陈桥驿译:《水经注全译》,贵阳:贵州人民出版社,1990年。

[62] 梁启超:《饮冰室合集》,北京:中华书局,2015年。

[63] (法)列维·布留尔:《原始思维》,丁由译,北京:商务印书馆,1981年。

[64] (汉)刘安著,高诱注:《淮南子》,上海:上海古籍出版社,1985年。

[65] 刘宏彬:《〈红楼梦〉接受美学论》,郑州:河南人民出版社,1995年。

[66] 刘建明:《舆论传播》,北京:清华大学出版社,2001年。

[67] (清)刘熙载著,王气中笺注:《艺概笺注》,贵阳:贵州人民出版社,1980年。

[68] 刘学锴:《李商隐诗歌接受史》,合肥:安徽大学出版社,2004年。

[69] 刘文典:《淮南鸿烈集解》,北京:中华书局,1989年。

[70] 刘叶秋:《古典小说笔记论丛》,天津:南开大学出版社,1985年。

[71] (唐)刘知幾:《史通》,北京:商务印书馆,1929年。

[72] (英)鲁惟一《汉代的信仰、神话和理性》,王浩译,北京:北京大学出版社,2009年。

[73] 鲁迅:《中国小说史略》,上海:上海古籍出版社,1998年。

[74] 吕思勉、童书业:《古史辨》(第七册),上海:上海书店出版社,1941年。

[75] 吕友仁:《周礼译注》,郑州:中州古籍出版社,2004年。

[76] 马昌仪:《古本〈山海经〉图说》,济南:山东画报出版社,2001年。

[77] 马俊良:《汉魏小说采珍》,上海:上海中央书店,1937年。

[78] (英)马凌诺斯基:《文化论》,费孝通译,北京:华夏出版社,2002年。

[79] (美)梅尔文·德弗勒、桑德拉·鲍尔-洛基奇:《大众传播学绪论》,杜力平译,北京:新华出版社,1990年。

[80] 蒙文通:《巴蜀古史论述》,成都:四川人民出版社,2019年。

[81] (罗)米尔恰·伊利亚德:《神圣与世俗》,王建光译,北京:华夏出版社,2002年。

[82] 牟钟鉴:《〈吕氏春秋〉与〈淮南子〉思想研究》,济南:齐鲁书社,1987年。

[83] 南京博物院、山东省文物管理处编:《沂南古画像石墓发掘报告》,文化部文物管理局,1956年。

[84] 南阳文物研究所编:《南阳汉代画像砖》,北京:文物出版社,1990年。

[85] 牛天伟、金爱秀:《汉画神灵图像考述》,洛阳:河南大学出版社,2009年。

[86] (宋)欧阳修:《欧阳修全集》,北京:中国书店出版社,1986年。

[87] (唐)欧阳询:《艺文类聚》,上海:上海古籍出版社,1965年。

[88] (清)皮锡瑞:《经学历史》,北京:中华书局,1959年。

[89] 潜明兹:《中国神话学》,上海:上海人民出版社,2008年。

[90] 钱小柏编:《顾颉刚民俗学论文集》,上海:上海文艺出版社,1998年。

[91] 钱志熙:《唐前生命观与文学生命主题》,北京:东方出版社,1997年。

[92] 任继愈:《中国佛教史》,北京:中国社会科学出版社,1985年。

[93] (清)阮元校刻:《十三经注疏》,北京:中华书局,1980年。

[94] 山东省博物馆编:《山东汉画像石选集》,济南:齐鲁书社,1982年。

[95] 尚学锋、过常宝、郭英德:《中国古典文学接受史》,济南:山东教育

出版社,2000年。

[96] 尚永亮:《庄骚传播接受史综论》,北京:文化艺术出版社,2000年。

[97] 邵培仁:《传播学》,北京:高等教育出版社,2004年。

[98] 沈志钧:《章太炎政论选集》,北京:中华书局,1977年。

[99] (汉)司马迁:《史记》,北京:中华书局,2013年。

[100] 宋莉华:《明清时期的小说传播》,北京:中国社会科学出版社,2004年。

[101] 宋兆麟:《中国原始社会史》,北京:文物出版社,1983年。

[102] 陶思炎:《中国鱼文化》,南京:东南大学出版社,2008年。

[103] (德)W.沃林格:《抽象与移情》,王才勇译,沈阳:辽宁人民出版社,1987年。

[104] (清)汪绂:《山海经存》,光绪二十一年立雪斋印本影印。

[105] (汉)王充著,黄晖校释:《论衡校释》,北京:中华书局,1990年。

[106] 王国良:《神异经研究》,台北:文史哲出版社,1985年。

[107] 王建中、闪修山:《南阳两汉画像石》,北京:文物出版社,1990年。

[108] 王玫:《建安文学接受史论》,上海:上海古籍出版社,2005年。

[109] 王梦欧:《礼记今译今注》,天津:天津古籍出版社,1987年。

[110] 王青:《中国神话研究》,北京:中华书局,2010年。

[111] (明)王世贞:《艺苑卮言》,济南:齐鲁书社,1992年。

[112] 王小盾:《原始信仰与中国古神》,上海:上海古籍出版社,1998年。

[113] 王孝廉:《中国的神话世界》,北京:作家出版社,1991年。

[114] (美)巫鸿:《礼仪中的美术:巫鸿中国古代美术史文编》,北京:生活·读书·新知三联书店,2005年。

[115] (美)巫鸿:《武梁祠——中国古代画像艺术的思想性》,北京:生活·读书·新知三联书店,2006年。

[116] 吴刚:《接受认识论引论》,北京:北京大学出版社,1996年。

[117] 无名氏:《春秋元命苞》,侯官赵氏小积石山房本,1904年。

[118] 无名氏:《神异经》(扫叶山房百子全书本),杭州:浙江人民出版社,2013年。

[119] 吴曾德:《汉代画像石》,北京:文物出版社,1984年。

[120] 夏曾佑:《中国古代史》,上海:上海三联书店,1955年。

[121] 萧兵:《楚辞与神话,南京:江苏古籍出版社,1987年。

[122] (梁)萧统编,李善注:《文选》,上海:上海古籍出版社,1986年。

[123] (日)小南一郎:《中国的神话传说与古小说》,孙昌武译,北京:中华书局,1993年。

[124] 谢选骏:《神话与民族精神》,济南:山东文艺出版社,1986年。

[125] 信立祥:《汉代画像石综合研究》,北京:文物出版社,2000年。

[126] 邢义田:《画为心声:画像石、画像砖与壁画》,北京:中华书局,2011年。

[127] 徐显之:《山海经探原》,武汉:武汉出版社,1991年。

[128] 徐州博物馆编:《徐州汉代画像石》,南京:江苏美术出版社,1985年。

[129] (南宋)薛季宣:《浪语集》,文渊阁本《四库全书》1159册。

[130] 严可均:《全上古三代秦汉三国六朝文》,北京:中华书局,1958年。

[131] 阎根齐、米景周、李俊山编著:《商丘汉画像石》,郑州:河南美术出版社,1991年。

[132] 杨爱国:《幽明两界:纪年汉代画像石研究》,西安:陕西人民出版社,2006年。

[133] (俄)叶·莫·梅列金斯基:《神话诗学》,魏庆征译,北京:商务印书馆,1990年。

[134] 叶舒宪:《中国神话哲学》,北京:中国社会科学出版社,1992年。

[135] 叶舒宪、萧兵、郑在书:《山海经的文化寻踪》,武汉:湖北人民出版社,2004年。

[136] (东汉)应劭著,吴树平校释:《风俗通义校释》,天津:天津人民出

版社,1980年。

[137] (东汉)应劭著,王利器校注:《风俗通义校注》,北京:中华书局,1981年。

[138] 余英时:《东汉生死观》,上海:上海古籍出版社,2005年。

[139] 俞樟华、虞黎明、应朝华:《唐宋史记接受史》,长春:吉林人民出版社,2004年。

[140] 袁珂:《山海经校注》,上海:上海古籍出版社,1980年。

[141] 袁珂:《神话论文集》,上海:上海古籍出版社,1982年。

[142] 袁珂:《中国神话传说》,北京:中国民间文学出版社,1984年。

[143] 袁珂:《中国神话史》,上海:上海文艺出版社,1988年。

[144] 袁珂《山海经全译》,贵阳:贵州人民出版社,1991年。

[145] 袁了凡、王凤洲:《纲鉴合编》,北京:中国书店出版社,1985年。

[146] (美)约翰·费斯克:《传播研究导论:过程与符号》,许静译,北京:北京大学出版社,2008年。

[147] (英)詹姆斯·乔治·弗雷泽:《金枝》,赵阳译,西安:陕西师范大学出版社,2010年。

[148] 张从军等编著:《汉画像石》,济南:山东友谊出版社,2002年。

[149] 张光直:《中国青铜时代》,北京:生活·读书·新知三联书店,1983年。

[150] (晋)张华:《博物志》,北京:中华书局,1985年。

[151] 张双棣:《淮南子校释》,北京:北京大学出版社,1997年。

[152] 张思齐:《中国接受美学导论》,成都:巴蜀书社,1989年。

[153] 章太炎:《章太炎全集》,上海:上海人民出版社,1985年。

[154] (唐)长孙无忌等:《隋书》,北京:中华书局,1985年。

[155] 赵霈林:《先秦神话思想史论》,北京:学苑出版社,2002年。

[156] 赵山林:《中国戏曲传播接受史》,上海:上海人民出版社,2008年。

[157] 周秉钧:《尚书译注》,长沙:岳麓书社,2001年。

［158］周次吉：《六朝志怪小说研究》，台北：文津出版社，1990年。

［159］周到、吕品、汤文兴编：《河南汉代画像砖》，上海：上海人民美术出版社，1985年。

［160］周谷城：《中国社会史论》，长沙：湖南教育出版社，2009年。

［161］周生春：《吴越春秋辑校汇考》，上海：上海古籍出版社，1997年。

［162］朱光潜：《诗论》，桂林：广西师范大学出版社，2004年。

［163］朱立元：《接受美学导论》，合肥：安徽教育出版社，2004年。

［164］LOEWE M.*Ways to Paradise*：*the Chinese Quest for Immortality*［M］. London：Unwin Hyman Press，1979.

后 记

　　摆在面前的这本书稿是在我博士论文和江苏省社科基金项目成果的基础上经过增删修订而成的,从体量来看,它的篇幅不大,只能算作小书,这也是我将它搁置多年未曾出版的主要原因。
　　自20世纪80年代西方接受美学理论传入中国以来,接受史研究逐渐成为古代文学领域颇为流行的一种研究模式。但拙著却并非直接受此研究潮流影响,而是出于偶然的因缘。读博期间,儿子尚小,正处在万物有灵的认知阶段,恰好和上古神话中原始思维有相似处,神话研究引起我很大的兴趣。但经过梳理发现,中国神话大多吉光片羽地分散在《尚书》《诗经》《山海经》《庄子》《淮南子》等书中,其中尤以《山海经》为最。随着研究的深入,我发现《山海经》的成书尤其是在两汉时期的传播背后又与两汉时期社会思想、汉赋创作以及墓葬中画像石图像有着密切的关系。我进而思考,《山海经》在两汉快速传播到魏晋之后相当长一段时间罕有影响,这个转变是如何产生的呢？我感到这是一个值得探讨的问题,对《山海经》接受的研究对于我们更好地了解两汉思想社会各个阶层的思想脉络乃至对于文学和文化的影响有很重要的意义。因此,我决定改以此作为博士论文的选题,于是就有了这本小书的写作。
　　犹记跟随南师张采民老师读书时光,仍然满怀对张先生的愧疚和感激之情。从研究的重心由神话到接受美学的变化,从学术研究方法的训练到思想认识的启迪,张先生在各方面都给予了我耐心的指导和教诲。论文初稿写成后,恰逢张先生眼睛做手术,先生还是逐字逐句地进行详细的批阅,大到篇章结构、理论提升,小到文献校对、字词标点等,都提出了具体的修改意见。张先生的严谨的学术精神和人格魅力不断激励着我。

我所在的江苏第二师范学院王锡九教授和邓子勉教授一直关心着我的学业和论文撰写,对古代文学研究方法和论文的一些具体问题提出许多宝贵意见,并为我提供许多珍贵的资料,借此机会向他们表示衷心的感谢。

学贵得师,亦贵得友。在求学期间经常遇到一些专业的或非专业的问题,在求学期间同姚徽、孙彦等诸位同仁经常在一起探讨切磋,互相鼓励,结下了深厚的友谊,也形成了良好的学术氛围,在此对他们的帮助深表谢忱。尤其是姚徽老师还多次帮我精心校对书稿,在收获友情的同时也使我在学术规范等方面受益匪浅。

当修改完拙作最后一稿时,我却没有感觉释然,学养所限,文中尚有许多有待修改、补充、完善之处。我将以本书为发轫,在学术研究的道路上继续探索,黾勉前行。

图书在版编目(CIP)数据

两汉《山海经》接受研究 / 顾晔峰著. —南京：南京大学出版社，2022.11
　　ISBN 978 - 7 - 305 - 25588 - 5

　　Ⅰ.①两… Ⅱ.①顾… Ⅲ.①历史地理－中国－古代 ②《山海经》－研究 Ⅳ.①K928.626

中国版本图书馆CIP数据核字(2022)第050567号

出版发行	南京大学出版社
社　　址	南京市汉口路22号　　邮　编　210093
出 版 人	金鑫荣
书　　名	**两汉《山海经》接受研究**
著　　者	顾晔峰
责任编辑	荣卫红　　　　编辑热线　025 - 83685720
照　　排	南京开卷文化传媒有限公司
印　　刷	南京玉河印刷厂
开　　本	718 mm×1000 mm　1/16　印张 12.5　字数 186 千
版　　次	2022年11月第1版　2022年11月第1次印刷
ISBN 978 - 7 - 305 - 25588 - 5	
定　　价	56.00元

网　　址：http://www.njupco.com
官方微博：http://weibo.com/njupco
微信服务号：njuyuexue
销售咨询热线：(025)83594756

＊版权所有，侵权必究
＊凡购买南大版图书，如有印装质量问题，请与所购
　图书销售部门联系调换